suhrkamp taschenbuch
wissenschaft 1555

Joseph Weizenbaum, der mit seinem Programm »Eliza« Computergeschichte schrieb, ist seit vielen Jahren als Kritiker unreflektierter Computereuphorie bekannt. In seinen Aufsätzen zeigt er die Kontexte auf, in denen Computer entwickelt und verwendet werden, und verweist dabei auf die enge Verknüpfung mit dem militärischen Komplex. Er kritisiert die Allmachtsphantasien der Künstliche-Intelligenz-Forschung und fordert eine Kultur der Verantwortung des Wissenschaftlers für seine Arbeit. Die hier vorgestellten freien Reden bringen die in der öffentlichen Debatte oft verschwiegenen Kontexte, Probleme und Schwächen der neuen Medien- und Internetwelt ans Licht. Sie machen Mut zum kritischen und eigenverantwortlichen Umgang mit den neuen Technologien im Computerzeitalter.

Joseph Weizenbaum (1923 - 2008) war Professor für Computerwissenschaften am Massachusetts Institute of Technology (MIT). 1976 erschien sein Werk *Die Macht der Computer und die Ohnmacht der Vernunft* (stw 274), das nicht nur als computerkritisches, sondern als gesellschaftskritisches Standardwerk gilt.
Gunna Wendt, geb. 1953 in Jeinsen, lebt als freie Autorin und Ausstellungsmacherin in München. Zuletzt erschienen ihre Biographien über Liesl Karlstadt und Helmut Qualtinger.
Franz Klug, geb. 1956 in Graz, promovierte über die Postmoderne und lebt heute als freier Publizist in Innsbruck und München. Zuletzt erschien sein Essay *Grünes Denken*.

Joseph Weizenbaum
Computermacht und Gesellschaft

Freie Reden

Herausgegeben
von Gunna Wendt
und Franz Klug

Suhrkamp

5. Auflage 2023

Erste Auflage 2001
suhrkamp taschenbuch wissenschaft 1555

Umschlag nach Entwürfen von Willy Fleckhaus und Rolf Staudt
Druck und Bindung: C. H. Beck, Nördlingen
Printed in Germany
ISBN 978-3-518-29155-9

www.suhrkamp.de

Inhalt

1. Wo kommt Bedeutung her und wie wird Information erzeugt?

Zum Beginn ein kleiner Witz: Ein englischer Bischof soll einmal gesagt haben: »In der Welt gibt es drei Doxien. Es gibt Orthodoxie, Heterodoxie und meine Doxie.«

Es wird gesagt, daß man die Bedeutung eines Wortes in ihrer Quelle findet. Ich kann das einfach nicht begreifen. Wo kommt Bedeutung also überhaupt her und wie wird Information erzeugt?

Es ist klar, daß es viele unterschiedliche Meinungen darüber gibt, was Information ist und wo und wie sie erzeugt wird. Meine Doxie kommt zum größten Teil von der Informationstheorie. Ich bin jetzt schon sehr viele Jahre am Massachusetts Institute of Technology (MIT), wo die Informationstheorie gegründet wurde und wo sie immer noch diskutiert wird. Da denke ich natürlich besonders an Claude Shannon und Warren Weaver und das, was sie über Information zu sagen haben. Ich weiß, daß die beiden sehr traurig darüber waren, daß ihr Gebiet gerade Informationstheorie genannt wurde, da sie behaupten – und ich stimme ihnen da zu –, daß das, womit die Informationstheorie zu tun hat, nicht Information ist. Sie hat nichts mit Information zu tun, und das möchte ich näher erklären.

Es gibt auch eine Reihe von Fragen, die man stellen kann und auf die man sehr leicht falsche Antworten geben kann. Z.B.: Kann Information vermittelt werden? Kann Information festgehalten werden? Bearbeitet der Computer Information? Kann Information quantifiziert werden? D. h., wenn wir eine Nachricht haben, können wir dem Informationsgehalt dieser Nachricht eine Zahl zuordnen? Enthält das Telefonbuch, z.B. von Berlin, Information? Die Antwort auf all diese Fragen ist: Nein.

Was ist z.B. der Informationsgehalt des Satzes »Es regnet.«? Wenn wir ihn messen können, sagen wir in Bits, haben wir es dann mit einem Informationsgehalt von 50 Bits oder von drei Bits zu tun? Oder hängt es davon ab, ob wir den Satz in ASCII oder einem anderen Binärcode repräsentieren? Es ist einfach so, daß diese Nachricht, also der Satz »Es regnet.« an sich überhaupt keine Bedeutung hat. Die Frage, wieviel Information eine Nachricht hat, ist einfach eine falsch gestellte Frage. Sie kann nicht beantwortet werden. Was meine ich damit? Es ist ziemlich einfach. Wir haben eine Quelle der Nachricht. Ich spreche lieber von einer Nachricht, nicht von Information. Das ist nämlich nicht dasselbe. Und wir haben einen Kanal, über den die Nachricht an einen Empfänger übertragen wird.

Die Informationstheorie hat verschiedene Aufgaben. Sie beschäftigt sich z.B. damit, wie viele Signale man über einen bestimmten Kanal in einer gewissen Zeit übertragen kann. Eine Frage der Informationstheorie ist, wie die richtige Bitkette wiederhergestellt werden kann, wenn die Signalreihe oder Bitkette, die über den Kanal übertragen wird, gestört wird. Ingenieure wissen, daß der Kanal nie störungsfrei ist. Es gibt ein Rauschen. Und daher stellt sich die Frage, wie man trotz dieses Rauschens die Nachricht so schicken kann, daß sie richtig ankommt.

Eine Frage, die in der Informationstheorie überhaupt nicht auftaucht, ist, was eine gegebene Bitkette bedeutet. Dazu ein Beispiel von Warren Weaver, das er ungefähr um 1946 oder 1947 im *Scientific American* geschrieben hat. Damals fuhr man in Amerika noch mit Zügen. Es ging um einen Rechtsanwalt in New York, der mit einem Vertragsabschluß in Chicago zu tun hatte. Er mußte also öfter hin- und herfahren. Eines Tages sagte er zu seiner Frau: »Ich muß morgen wieder nach Chicago. Natürlich nehme ich den Empire State Express von New York nach Chicago und wieder zurück. Ich glaube, der Vertrag wird am Donnerstag abgeschlossen und daher komme ich Donnerstag am Abend zurück. Hol mich an der Grand Central Station ab, der Zug kommt immer zur selben Zeit an.«

Schon am Dienstag bekam die Frau des Rechtsanwalts ein Telegramm. Und es lautete ungefähr so: »Meine liebe Susi. Der Vertrag wurde schon viel früher abgeschlossen als wir dachten, daher fahre ich schon heute abend mit dem Empire State Express zurück. Bitte hole mich an der Grand Central Station um 17 Uhr ab. Ich liebe Dich, Dein Karl.« Die Frage, die sich stellt, ist: Wieviel Information hat der Rechtsanwalt geschickt? Er schreibt »Meine liebe Susi«, aber es wäre ausreichend zu sagen: »Susi«. Oder er kann den Namen überhaupt weglassen, das Telegramm wurde ja an sie geschickt. Und dann: »Der Vertrag wurde schon viel früher abgeschlossen als wir dachten, daher fahre ich schon heute abend mit dem Empire State Express zurück.« Natürlich, wenn er schon am Dienstag abend zurückkommt, dann muß dies ja bedeuten, daß der Vertrag schon abgeschlossen wurde. Das ist alles erledigt, also kann er weg aus Chicago. Da er immer den Empire State Express nimmt, könnte er auch das weglassen. Sie weiß auch schon, daß der Zug bei der Grand Central Station ankommt und zu welcher Zeit der Zug ankommt. Es ist auch sehr schön, daß er sagt, daß er sie liebt, aber das weiß sie schon. Das ist keine neue Nachricht für sie. Es wäre daher also ausreichend, wenn er ihr ein leeres Telegramm schicken würde. Dann würde sie schon wissen, was dies bedeutet.

Können wir nun sagen, daß der Informationsgehalt dieser Nachricht ein Bit ist? Nein, das können wir nicht. Vielleicht ist er ein Kommunist, und das FBI liest seinen Schriftverkehr. Es könnte glauben, daß in dem Telegramm eine geheime Nachricht versteckt ist. Die entsprechenden Leute bekommen das Telegramm zur Analyse und wollen seine Bedeutung untersuchen. Was sagt uns das? Es sagt uns, daß die Bedeutung einer Nachricht von dem Zustand des Empfängers abhängt, oder genauer, von seinem Erwartungszustand. Der Empfänger interpretiert die Nachricht in gewisser Art und Weise im Licht dieses Zustands. Das Zauberwort ist also Interpretation.

Hier könnte nun der Einwand kommen, daß derjenige, der ein Telegramm erhält, eine gewisse Bestätigung haben möchte über das, was tatsächlich beabsichtigt ist. Aber die Frau des Rechtsanwaltes weiß ganz genau, was sie zu tun hat. Sie geht in die Grand Central Station, und am Bahnsteig 32 kommt der Empire State Express von Chicago zu einer bestimmten Uhrzeit an. Es kann sehr wohl sein, daß das, was der Rechtsanwalt aussagen wollte, die Information, die er beim Empfänger induzieren möchte, sich nicht so einfach verhält. Daß er »Ich liebe Dich« schreibt, könnte ja beispielsweise auch bedeuten: »Ich komme mit meiner Freundin, und es wäre besser, wenn du mich nicht abholst.« Das wissen wir nicht. Und das meine ich ja gerade; die Nachricht hat mit dem Zustand und ganz besonders mit dem Erwartungszustand des Empfängers zu tun.

Wie wird Information erzeugt? Wo wird Information erzeugt? Wo kommt Information her? Ich sehe jetzt von den Tieren ab und sage: Es gibt nur eine Quelle, und das ist der lebende Mensch. Eine Nachricht, die ich erhalte, oder besser gesagt die Signale, die ich z.B. über den Fernseher, über das Telefon, in einem Gespräch oder auch über die Körpersprache vermittelt bekomme, verwandle ich zu Information, indem ich sie interpretiere. Die Interpretation ist die Arbeit, die aufgewandt werden muß, um z.B. eine Nachricht, eine Signal- oder Bitkette in Information zu verwandeln.

Ist Information ein Verhältnis? Nein, ist sie nicht. Information wird hergestellt. Wir stellen Information her, indem wir z.B. Signale hören oder sehen, sie also empfangen und im Anschluß daran interpretieren. Vielleicht interpretieren wir sie richtig oder aber auch nicht. Was bedeutet aber richtig? Dies hat mit der Intention des Senders zu tun. Ich kann mir vorstellen, daß ich zu jemandem etwas sage und glaube, daß ich verstanden werde. D. h., daß der Empfänger das Gesagte korrekt interpretiert, in derselben Art und Weise, wie ich es interpretieren würde. Das ist unter Korrektheit zu verstehen. Aber ich kann das nicht wissen.

Eine gute Frage scheint mir zu sein, wie es möglich ist, daß wir uns überhaupt verstehen, wenn wir Signale austauschen. Körpersprache ist manchmal sehr schwer zu interpretieren und kann auch sehr leicht falsch interpretiert werden.

Wir können uns verstehen, da wir in derselben Kultur sozialisiert worden sind. Diese Sozialisation hat uns die Technik gegeben, die wir benutzen, um Signale zu interpretieren. Ganz anders ist es in einer anderen Kultur. Dazu möchte ich Ihnen ein Beispiel geben: Ich war in Japan und wurde am Abend von einer Familie in ihr Haus eingeladen. Das ist eine hohe Ehre in Japan. Der Vater setzte sich hin und sagte, er habe ein Problem mit seinem Sohn. Da ich ja die Welt kennen würde und viel älter sei, wollte er mir das Problem erzählen und meinen Rat dazu haben. Irgendwann sagte ich ihm, daß der Unterschied zwischen seiner und meiner Sozialisation so groß sei, daß ich sein Problem zwar nacherzählen könne, daß ich es aber nicht wirklich verstehe. Deshalb könne ich ihm, oder besser: deshalb sollte ich ihm keine Antwort darauf geben.

Ähnlich beim Computer: Wir können vielleicht ein künstliches Intelligenzsystem herstellen, das in der Justiz eingesetzt wird. Und der Computer entscheidet, was mit einem Straffälligen gemacht werden soll. Ich spreche jetzt gar nicht davon, ob das möglich ist oder nicht. Aber eines weiß ich: Wir sollten das nicht machen, weil eben die Algorithmen des Computers die kulturellen Aspekte unserer Gesellschaft nicht berücksichtigen können. Der Computer kann dies nicht verstehen. Leute arbeiten aber tatsächlich an solchen Sachen. Sie sagen z.B. in Amerika:

Eines ist ganz sicher, der Computer ist farbenblind. Wenn also ein Schwarzer und ein Weißer vom Computer beurteilt werden, dann merkt der Rechner gar nicht, daß der eine schwarz ist und der andere weiß. Ist der Computer also objektiver? Unsinn! Außerdem hat der Richter vielleicht völlig recht, indem er die Hautfarbe des Angeklagten in dem gegebenen Fall als wichtig erkennt und berücksichtigt.

Wir sprechen vom Computer als Informationsverarbeitungsmaschine. Aber das ist er nicht. Der Computer verarbeitet Signale, die für ihn absolut bedeutungslos sind.

Der Computer enthält keine Information in dem Sinn, daß Bitketten für den Computer eine Bedeutung haben. Sie sind absolut bedeutungslos. Es handelt sich hier um Signale, die übertragen werden. Wenn wir sagen, daß uns der Computer sagt, es wird morgen regnen, dann meinen wir damit: Wir interpretieren das, was uns der Computer am Bildschirm oder am Drucker oder wo auch immer zeigt, als eine Vorhersage, daß es morgen regnen wird. Aber der Computer weiß nicht, daß es regnen wird. Wenn wir eine Wettersimulation im Computer haben, und es regnet, dann wird der Computer ja auch nicht naß.

Professor Hans Rosenthal hat in einem Vortrag über die DNA-Kette gesagt, daß man, wenn man die vollständige DNA eines Huhns kennt, alles über dieses Tier weiß, was man überhaupt von ihm wissen kann. Aber man kann von dieser Signalkette nicht darauf schließen, daß es sich um ein Huhn handelt. Dies verhält sich sehr analog zu einem Computer. Stellen wir uns einen einfachen Computer vor, z.B. einen Laptop. Nehmen wir an, ich finde einen Laptop. Es ist ganz klar, daß er funktioniert. Man kann das kleine Licht der Kontrollampe sehen, man hört auch das Klicken der Festplatte. Er läuft also. Ich nehme den Laptop mit in mein Labor und untersuche ihn mit Hilfe von guten Instrumenten. Nach einer Weile weiß ich den Zustand des Computers zu einem bestimmten Zeitpunkt, sagen wir in einer bestimmten Mikrosekunde. Ich kenne für diesen Augenblick den ganzen Zustand des Computers, also all seine Komponenten und Bitfolgen. Nach weiteren Experimenten kenne ich auch die Regeln, nach denen der Computer von einem Zustand in einen anderen übergeht. Wenn man all das weiß, dann weiß man absolut alles über den Computer, was man überhaupt wissen kann. Jetzt kommt jemand und fragt: »Was berechnet der überhaupt?« Das kann man trotzdem prinzipiell nicht wissen. Es kann sein, daß wir es mit einem Textverarbeitungssystem zu tun haben, das fleißig an einem Manuskript arbeitet. Es kann auch sein, daß es ein Börsencomputer ist, der ausrechnet, welche Aktien man am nächsten Morgen oder in der nächsten Minute kaufen soll. Der Computer kann vielleicht auch pornographische Bilder bearbeiten. All das kann ich nicht herausfinden. Es ist dieselbe Geschichte wie mit der DNA des Huhnes. Wenn der Computer ein Informationsverarbeitungssystem wäre, dann müßte ich mit Hilfe meiner Instrumente herausfinden können, welche Informationen da bearbeitet werden. Aber das kann ich eben nicht.

Wir legen große Hoffnungen auf unsere technischen Systeme und besonders auf unsere sogenannten Informationssysteme. Wir sprechen von der Informationsgesellschaft. Und Menschen sprechen von den neuen Instrumenten der Informationsgesellschaft, als würden sie uns eine ganz neue Chance geben für die Stärkung der Demokratie, für die Bekämpfung der Armut usw. Das ist meiner Meinung nach ein Fehler. Die Probleme, mit denen unsere Welt konfrontiert wird, ich meine Armut, Krieg, Umweltkatastrophen usw., gibt es nicht – umgangssprachlich formuliert –, weil uns gewisse Informationen fehlen. Es ist eine Illusion zu glauben, daß wir, wenn wir im Internet forschen, auf Informationen stoßen werden, mit deren Hilfe wir solche Probleme lösen können. Ein berühmter amerikanischer Philosoph, William Rogers, hat einmal gesagt: Es ist nicht das, was wir nicht wissen, das uns schadet. Es ist alles das, was wir wissen, das nicht wahr ist. Wir haben politische, menschliche und soziale Probleme. Aber ich meine, daß bei deren Lösung die Macht, die wir durch die sogenannte Informationsverarbeitung bekommen haben, einfach irrelevant ist.

2. *Information-Highway and the Global Village* – Vom Umgang mit Metaphern und unsere Verantwortung für die Zukunft

In meinem Vortrag geht es um Datenautobahnen und *Information-Highways*. Wir wollen versuchen herauszufinden, was diese Metaphern bedeuten. Das Wort »Autobahn« ruft in mir zwei verschiedene Assoziationen hervor. Meines Wissens ist der Begriff zuerst in der deutschen Sprache während der Nazi-Zeit aufgekommen. Der Bau von Autobahnen erfolgte in den 30er Jahren zunächst einmal, so glaube ich jedenfalls, um in Deutschland die Arbeitslosigkeit zu bekämpfen. Der zweite und vielleicht noch wichtigere Grund war, ein schnelles Transportnetz für Kriegsgüter zu schaffen, so daß militärische Güter und Soldaten schneller von einem Ort zum anderen transportiert werden konnten. Für mich ist es auch bemerkenswert, daß gerade zu dieser Zeit die Idee des Volkswagens in Deutschland und damit ein wachsender Wohlstand für breite Bevölkerungsschichten propagiert wurde. Jeder sollte einen Volkswagen haben, so hieß es. Die tatsächliche Entwicklung in Deutschland in den 30er und 40er Jahren sah anders aus, wie wir wissen.

Der zweite Begriff *Information-Highway* hat seinen Ursprung etwa zu Beginn der 60er Jahre. In den USA ging es darum, ein militärisches Kommunikationsnetz zu entwickeln, das auch in Kriegszeiten und sogar nach einem denkbaren Atomkrieg funktionieren sollte. Es gab damals viele komische und zum Teil verrückte Ideen und Vorstellungen in Amerika. So wurde z. B. vielfach empfohlen, im Fall einer Atomexplosion rasch unter einen Tisch oder eine andere Deckung zu kriechen oder notfalls während der Detonation eine Aktentasche über den Kopf zu halten, womit der Eindruck erweckt werden sollte, dies könnte schon etwas helfen. Außerdem sollte man Schutzvorrichtungen zu Hause bauen und weitere Vorsorge treffen. Später, sehr viel später, gab es die Idee von SDI, also den Plan eines Schutzschildes und Schirmes über Nordamerika, um sich vor einem Raketenangriff zu schützen.

Meine Erfahrung mit Autobahnen, also nicht mit Datenautobahnen, begann etwa 1939 in Amerika, als die erste Autobahn nach dem Beispiel deutscher Autobahnen in Pennsylvania gebaut werden sollte. Man sagte damals, es würde nicht lange dauern, bis in ganz Amerika solche Autobahnen gebaut seien und es wäre damit sehr viel einfacher, von einer Küste zur anderen, von Nord nach Süd, und überall kreuz und quer mit dem Auto zu fahren. Tatsächlich kam es dann auch so. Der Verkehr auf den Autobahnen hat bis heute gewaltige Ausmaße erreicht, nicht nur zum Vorteil der Menschheit.

Überlegen wir einmal, was da im einzelnen geschieht, was da auf diesen Autobahnen eigentlich saust, und das möchte ich in Analogie setzen zu einer Datenautobahn. Na ja, über Autobahnen sausen Autos, mehr oder weniger schnell, und im Fall der Datenbahnen, da sausen eben Daten, könnte man sagen. Und was saust auf dem Informations-Highway? So lautet meine nächste Frage. Die Antwort scheint klar zu sein: Information. Aber das stimmt nicht. Das Wort Information wird hier leider falsch benutzt. Wir sollten uns daran erinnern, über was wir tatsächlich reden, wenn wir über Informationen sprechen. Was tatsächlich durch Computer, über die Bahnen und Netzwerke saust, das sind Signale oder einfach Daten. Signale ist vielleicht das bessere Wort. Wir kennen Signale an Ampeln oder Eisenbahnstrecken: Rot oder Grün. Früher gab es bei der Bahn einfache Zeichen, die entweder *stop* oder *go* signalisierten. Der Lokführer wußte, was diese Signale bedeuten. Er konnte mit Hilfe eines Trainings und aufgrund von Erfahrung die Signale, die ihm entgegenkamen, interpretieren. Es ist sehr wichtig, dies zu unterscheiden und zu wissen, wie Signale oder einfache Daten erst durch unsere Kenntnisse, aufgrund von Erfahrung und durch Interpretation, zu Informationen werden.

Ich möchte dies anhand von zwei kleinen Beispielen noch etwas erläutern. Ich beginne mit dem etwas längeren Beispiel. Nehmen wir an, Sie haben vor sich das Telefonbuch von Manhattan in New York. Enthält dieses Telefonbuch viele Informationen? Meine Antwort lautet: Nein. Es ist nicht voller Informationen, sondern voller Daten oder Signale. Aber ich kann daraus Informationen gewinnen. Ich muß diese Informationen jedoch tatsächlich erst herstellen. Damit dies erfolgen kann, muß ich in einem gewissen Sinn eine Hypothese haben, die mir hilft, die Daten zu interpretieren, die in dem Telefonbuch enthalten sind. Nehmen wir an, ich hätte die Hypothese, die ich tatsächlich auch habe, daß die Armenier, die im New Yorker Stadtteil Manhattan leben, eher zusammen in einer Gegend wohnen und nicht willkürlich über den Stadtteil verstreut sind. Das ist meine Hypothese. Ich glaube zu wissen, daß fast alle Familiennamen der Armenier mit -ian enden, z.B. Agopian. Jetzt durchsuche ich das ganze Telefonbuch mit Hilfe eines Computers, und bei jedem Namen, den ich mit der Endung -ian finde, notiere ich die Telefonnummer oder die entsprechende Postleitzahl. Wenn ich dann am Ende etwa genauso viele Namen wie verschiedene Postleitzahlen oder Telefonnummern herausgefunden hätte, dann würde ich sagen: Nein, meine Hypothese war falsch, so ist es nicht. Wenn ich aber viele Namen finde und gleiche Postleitzahlen oder ähnliche Telefonnummern, dann bedeutet es doch, daß sie tatsächlich in einer bestimmten Gegend zusammenleben. Man kann also sagen, in diesem Telefonbuch war diese Information enthalten, die Daten waren da, aber ich mußte diese Information erst herausfinden. Jemand mußte mit einer

Hypothese kommen, um das zu überprüfen und zu interpretieren.

Nun zu meinem kürzeren Beispiel: Was kann die Bedeutung oder der Inhalt einer Botschaft sein, wenn die Antwort auf eine bestimmte Frage z.B. »Nein. Niemand.« lautet? Stellen Sie sich vor: Da schickt jemand seinen Mitarbeiter in eine Halle hinein, um feststellen zu lassen, ob sich dort jemand aufhält. Der Mitarbeiter ruft in den Raum: »Ist jemand hier?« Er erhält keine Antwort. Das interpretieren wir so, daß wir glauben, in dieser Halle ist keiner, sie ist menschenleer. Ändern wir das Beispiel ein wenig. Dieselbe Person geht erneut in die Halle und fragt wiederum: »Ist jemand hier?« Diesmal erhält er aus einer Ecke die Antwort: »Nein. Niemand!« Das ist doch etwas ganz anderes. Es ist also die Situation, die in diesem Fall bestimmt, wie die jeweilige Aussage zu interpretieren ist oder interpretiert werden kann.

Es ist sehr wichtig zu wissen, daß der Computer oder das Netzwerk und diese ganze Maschinerie, in der die Elektronen oder Lichtsignale rumsausen, sich nicht um das kümmern, was ich unter Informationen verstehe. Sie kümmern sich, wenn überhaupt, um Daten, die sie herumschieben müssen. Das System selbst weiß nicht, um was es dabei geht. Erst der Mensch interpretiert die Daten und Fakten und zieht daraus seine Folgerungen.

Es wird häufig gesagt, jeder könne jetzt Zugang zu diesem Informations-Highway und den Datenautobahnen haben. Hinter diese Aussage sollten wir ein großes Fragezeichen setzen. Ich werde darauf zurückkommen und möchte zuvor noch etwas näher auf das eingehen, was unter Netzwerken und dem World Wide Web zu verstehen ist. Es ist in einem gewissen Sinn ganz einfach zu verstehen. Da gibt es Daten, die in Geräten gespeichert sind. Das kann beispielsweise ein Computer selbst sein, in dem Daten auf der Festplatte gespeichert sind, oder es könnte eine Disk sein oder ein Tape oder was auch immer. Der Computer kann an diese Daten herankommen und sie weitergeben. Schließlich können die Computer miteinander zu einem Netzwerk verbunden sein, etwa in dem Sinne, wie Telefone miteinander verbunden sind. Dieser Zustand besteht, und Verbindungen können dann praktisch jederzeit hergestellt werden. Sie könnten versuchen, mich per Telefon in Cambridge/Massachusetts anzurufen, wenn Sie die richtige Nummer haben. Der Trick, mit dem das klappt, ist einfach: Meine Telefonnummer ist einzigartig, sie ist *unique*. Kein anderer hat diese Telefonnummer. Da kommt als erstes die Vorwahl, hier von Deutschland aus 001, das ist USA. Dann kommt 617, das ist ein Teil von Massachusetts, der Teil, in dem ich wohne. Dann kommt, wenn Sie mein Büro an der Universität anrufe, 253, das ist die Universität, dann 6033, und Sie haben meinen Telefonapparat erreicht. Weltweit gibt es keine zwei Telefone mit derselben Nummer, es sei denn, jemand hat vielleicht zwei Apparate, die in einem Haus stehen. Ähnlich ist das auch mit dem World Wide Web. Statt von Telefonnummern sprechen wir hier von einer sogenannten URL. Das bedeutet *Universal Resource Locator*. Der Trick mit dem World Wide Web besteht also darin, daß jede Station, jedes Dokument eine eigene Adresse hat, egal ob dies nun eine Sammlung von Daten, ein bestimmtes Programm ist oder ob es Liebesbriefe sind. Jedes bekommt eine Adresse. Die Adresse hat etwas damit zu tun, wo der Computer sich befindet, genauso wie beim Telefon. Das ist der ganze Trick, oder – genauer gesagt – das ist ein großer Teil des ganzen Tricks. Über diese spezielle »Adresse« im Netz können Sie beispielsweise mit mir, ebenso wie über Telefon, Verbindung aufnehmen und mir einen elektronischen Brief schicken. Dieser durchläuft dann eine Reihe von Stationen bis zur Empfängerstation, kann aber auch dort angenommen werden, wo ich gerade bin. Im letzten Jahr war dies in Freiburg, und zur Zeit ist das Berlin. Meine E-Mail-Adresse ist sehr einfach; sie lautet: Joseph@mit.edu

– das ist kurz und knapp. Sie enthält meinen Vornamen, die Abkürzung des Instituts und den Zusatz »edu« als Abkürzung für *education*. Das also ist meine unverwechselbare Adresse im Netz. Sie ist *unique*, so wie jede andere Adresse auch. Wenn Sie Post dorthin schicken, dann kommt es zunächst am MIT an und wird sofort zu meinem gegenwärtigen Aufenthaltsort weitergeleitet. Wie schön das funktioniert – bis jetzt jedenfalls, denn ich weiß nicht, wie lange das noch so weitergehen wird –, kann man daran sehen, daß dann, wenn ich zu Hause sitze und mir selbst eine Nachricht über E-Mail, also zu Joseph@mit.edu, schicke, unmittelbar nach dem letzten Knopfdruck eine Mitteilung auf meinem Display erfolgt: »You have new mail.« Das geht alles unglaublich rasch. Wenn man das näher verfolgt, dann sieht man, daß verschiedene Stationen durchlaufen werden – über den Atlantik nach den USA, vom MIT zurück über den Pazifik oder auf einem anderen Wege, das macht überhaupt nichts aus: die Satelliten sind so hoch, die kümmern sich nicht um solche Sachen. Die Nachricht kommt zu mir, weil sie über die URL eben eindeutig an mich »adressiert« ist, und das geht quasi in Echtzeit vor sich.

Jeder kann auf diesem Wege eine »Adresse« oder eine spezielle Seite im World Wide Web haben, die eindeutig bestimmt und auffindbar ist. Dies führt zu der Aussage, daß wir es heute mit einem ganz neuen demokratischen Medium zu tun haben. Ähnlich wurde bereits früher, lange Zeit nach Gutenberg, schon einmal behauptet, daß die Zeitung ein solches neues Medium für die Demokratie sei. Jeder könne eine Zeitung gründen, um zu informieren und Meinungen zu verbreiten. Zumeist stellte sich jedoch heraus, daß in der Tat nicht jeder eine Zeitung herausgeben kann. Man muß dazu u. a. ein wenig Geld haben. Heutzutage kann mit den neuen technischen Möglichkeiten tatsächlich jeder z. B. einen Essay schreiben und seine Mitteilungen dann in das Netzwerk eingeben. Dies können viele andere, die Zugang dazu haben, ebenso tun, ob sie nun in Indien oder in Japan oder in Berlin leben. Wenn das einmal da ist, dann hat praktisch jeder Mensch, der Zugang zum World Wide Web überhaupt hat, auch Zugang zu dieser Mitteilung. Möglicherweise ist dies ein neuer Ansatzpunkt für eine bessere Verständigung hin zu einer weltweiten Demokratie, und dies führt uns zu dem Begriff des »globalen Dorfes«. Die alte Idee lebt plötzlich neu auf: Wenn ich tatsächlich eine kleine Zeitung herausbringe, so wird das in unserem »kleinen Dorf« schon jeder bemerken und sie lesen. So scheint es auch mit dem Netz zu sein. Jeder kann schreiben, was er will, und alle können es lesen, jedenfalls theoretisch.

Wie ich schon erwähnt habe, wurde um 1963 zum ersten Mal ein solches Netzwerk im Auftrag des US-Verteidigungsministeriums an verschiedenen amerikanischen Universitäten entwickelt. Nach kurzer Zeit hatten wir die entsprechenden Voraussetzungen und Möglichkeiten geschaffen. Ich konnte von da an mit meinen Kollegen in Stanford über diese Netzwerke genauso leicht kommunizieren wie mit irgend jemand anderem, der angeschlossen war. Später hat sich der Kreis, der einbezogen war, immer mehr vergrößert, und die Leistungsmöglichkeiten wurden erheblich ausgeweitet. Die Geschwindigkeit, mit der damals Daten übertragen wurden, betrug etwa 300 Bauds. Heute liegen die Standards bei 14.400 Bauds und mehr. Wir wußten damals nicht, wie langsam das mit 300 Bauds war, aber immerhin war es schon technisch möglich geworden, sich auf einem neuen Weg zu verständigen. Das waren um das Jahr 1963 sozusagen die ersten E-Mails in der menschlichen Geschichte.

Das Jahr 1963 war noch in anderer Hinsicht von großer Bedeutung. Es war das Jahr, in dem Präsident Kennedy erschossen wurde, und es war das Jahr, in dem der Krieg in Vietnam eskalierte. Sie kennen ja alle die Ereignisse um 1968. Da gab es erheblichen Widerstand gegen diesen

Krieg, besonders an den Universitäten und getragen von den Studenten. Da wurden alle möglichen Demonstrationen und *Teach-ins* organisiert, und dies geschah häufig in vielen Universitäten simultan. Möglich wurde das, weil das von den Militärs gewollte Netz existierte. Ich will das noch einmal betonen: Es war ein Netz, das im Interesse der Militärs entwickelt worden war und von ihm allein auch finanziert wurde. Niemand hatte dafür bezahlt, nur das Pentagon! Das Erstaunliche war, daß wir nie »einen Pieps« gehört haben von diesen Leuten. Die haben nie gesagt: »Das darfst du wirklich nicht« oder »Das gefällt uns so aber nicht.« Wir waren absolut frei in der Nutzung und im Umgang mit diesem Netzwerk. Und so sollte es auch heute vom Grundsatz her mit dem World Wide Web sein, wobei sich allerdings Grenzen aufgrund von menschlicher Sitte und Anstand ergeben, die es zu beachten gilt.

Einige der entscheidenden Fragen lauten aktuell: Wer hat Zugang zu dieser Sache und wer gehört zur Informationsgesellschaft? Wie identifiziert man Mitglieder der Informationsgesellschaft? Als Mitglied der Informationsgesellschaft hat man heute sicherlich Zugang zum World Wide Web, aber ganz eindeutig kann ich nicht sagen, wer dazugehört. Mir scheint aber klar zu sein, daß Mitglieder der Informationsgesellschaft sicherlich Kreditkarten in ihrer Tasche haben oder ein Bankkonto besitzen. Das muß man ja haben, um eine Kreditkarte zu bekommen. Und jetzt können wir uns die Frage stellen, wie viele das tatsächlich sind. Ich weiß nicht genau, wie es hier in Deutschland ist, aber ich weiß jedenfalls, daß die meisten Menschen auf dieser Erde keine Kreditkarte in ihrer Tasche und auch keinen Zugang zum World Wide Web haben. So zeigt sich, daß eben doch nicht jeder gegenwärtig daran teilhaben kann. Auch in einem so reichen Land wie den USA haben sehr viele Menschen bislang keinen Zugang dazu. Vielleicht ist dies ein Drittel unserer Bevölkerung in den USA, und voraussichtlich werden diese

Menschen nie einen Zugang haben, solange sich vieles nicht radikal ändert. Also, ich glaube, wenn wir jetzt von *global village* sprechen, dann sollte doch eigentlich jeder in bestimmter Weise wirklich mit einbezogen sein. Die Metapher ist insofern verwirrend, und vielleicht erfolgt dies in einem gewissen Sinn sogar absichtlich, weil es doch sehr bequem ist, so zu denken: »Na ja, jeder hat Zugang dazu, alles ist sehr demokratisch und so.« So ist es aber in Wirklichkeit gerade nicht!

Das Wort Dorf (*village*) erweckt zugleich auch die Assoziation und die Idee, daß die Welt in einem bestimmten Sinne kleiner geworden sei. Da wird jeder zustimmen, glaube ich. Wir haben eine Art Implosion erlebt; ich sage Implosion statt Explosion, weil Explosion bedeutet, daß Sachen auseinandergehen. Implosion bedeutet, daß sie zusammenkommen. Dieses Phänomen ist ganz besonders deutlich, wenn wir uns den Weltfinanzmarkt ansehen oder die Weltbörsen. Ich kann mich noch sehr gut daran erinnern, daß es bis vor kurzem gar nicht so leicht war, sagen wir von Berlin aus oder von Boston aus, in Tokio anzurufen. Es ist noch gar nicht so lange her, da mußte man das Gespräch anmelden. Der Operator, wie die Frauen in der Telefonvermittlung damals genannt wurden, hätte gesagt, das könnte drei Stunden oder auch zwei Tage dauern. Man würde Ihnen mitteilen, Sie würden wieder angerufen werden, wenn eine Verbindung möglich sei. Und nach drei Stunden oder nach zwei Tagen oder in welchem Zeitraum auch immer wurde man endlich angerufen und benachrichtigt, daß in wenigen Minuten die Verbindung bestehen würde. Dann konnte man im Prinzip sprechen, um z.B. den Kurs einer bestimmten Aktie in Tokio in Erfahrung zu bringen. Man muß sich aber auch vergegenwärtigen, daß ein großer Teil der Zeit beim Telefonieren damit verging, häufig die Frage zu stellen: »Can you hear me?« Glücklicherweise gehört dies für uns heute in der Regel der Vergangenheit an.

Ich bin sehr beeindruckt, wie schnell die Entwicklung seitdem fortgeschritten ist. Wir können den Gesamtzustand aller Börsen auf dieser Erde praktisch in Echtzeit ablesen und zur Kenntnis nehmen. Die Börsen der Welt sind zwar nicht vereinigt, aber überschaubarer geworden. Noch etwas anderes hat sich damit geändert. Viele der Transaktionen, die täglich dort stattfinden, bedeuten nicht mehr eine tatsächliche Investition in eine Industrie oder so etwas, sondern sind eher Karten, die auf den Tisch geworfen werden in der Hoffnung, daß sie in kurzer Zeit viel mehr wert sein werden. Ich würde insofern sagen, was wir heute haben, das ist ein einziges, ein einmaliges riesiges Kasino. Wir müssen uns vergegenwärtigen, daß die Regierungen und Banken der großen Nationen heute zusammen weniger Geld haben als die international operierenden Spekulantenkreise. Daraus erwachsen ernste Fragen, was dies für die Politik und ihre Einflußmöglichkeiten sowie die wirtschaftliche Stabilität weltweit bedeutet. Wer regiert denn unter diesen Verhältnissen? Wer den Wert des Dollars beeinflussen kann – und dies können die Spekulantenkreise heute besser als je zuvor –, der kann auch eine gewisse Macht ausüben. Diese Leute, die das können, sind von niemandem gewählt worden, und sie werden auch von niemandem demokratisch kontrolliert.

Wenn wir uns darüber klarwerden, dann sehen wir doch, daß die Welt heute gar nicht wie ein großes Dorf aussieht. Es sei denn, wir meinen damit nur, daß »Information« – besser ausgedrückt muß es heißen »Signale« – dank der neuen Technologien blitzschnell um die ganze Welt fliegen können. Das ist schon etwas, das ist nicht nichts, aber wir müssen uns klar sein: Nur wenige Menschen haben gegenwärtig tatsächlich den Zugang zu dieser Datenwelt. Im Prinzip könnte man sagen, jeder sollte Zugang erhalten. Hierfür gibt es schon ein etwas älteres Modell, das wir in Gestalt des Fernsehens kennen. Das Fernsehen wurde bei seiner Einführung als etwas begrüßt, das die Welt vereinigen und einen demokratisierenden Einfluß ausüben wird. Ich meine, in diesem Kontext sollte ich das einmal wieder in Erinnerung rufen, weil dieses neue Medium quasi die Grundlage für die Erfindung des Begriffes *global village* bildete. Das Fernsehen stellt, technisch gesehen, eine der edelsten und feinsten Erfindungen dar, die der menschliche Genius hervorgebracht hat. Dies gilt in gleicher Weise auch für das World Wide Web, die Vernetzung der Welt. Ich bin der Auffassung, daß alles das, was das Satellitenfernsehen und die Datenübertragung möglich gemacht hat, der menschliche Erfindergeist, die Technik, die Wissenschaft und speziell die Naturwissenschaften als ein Meisterwerk der Menschheit verstanden werden können. Das ist eine wirkliche Errungenschaft, ein *achievement*, all das zusammen. Da kann man stolz sein, ein Mensch zu sein, wenn man sich überlegt, wer und was da alles zusammenarbeiten mußte. Ich denke an die Mathematik, die Physik, um nur einige Disziplinen zu nennen, die dazu beigetragen haben, daß es heute stationäre Satelliten dort oben am Himmel gibt, die immer über einem Punkt der Erde bleiben und auf diese Weise moderne Datenübertragung ermöglichen. Also, das auszurechnen, wie sie dahin kommen und wie sie dort bleiben, das ist schon eine Meisterleistung. Es gehörten ferner die Chemiker dazu und die Meteorologen, um die Raketentechnologie zu den heutigen Standards zu entwickeln. Ebenso wichtig sind die Kenntnisse der Navigation und der Nachrichtenübertragungstechnik. Man muß sich das klarmachen: Da werden Signale beispielsweise von einem Fernsehsender ausgestrahlt und auf eine sehr kleine Fläche gebündelt zum Satelliten hochgeschickt. Sie werden dort empfangen und bleiben auf ihrem Wege kohärent, d. h. die Bits vermischen sich nicht. Sie werden oben im Weltraum aufgefangen und dann wieder zurückgeschickt, über ein breites Feld verteilt und ausgestrahlt, um in weiten Teilen der

Erde aufgenommen werden zu können. Wir könnten diese Signale in diesem Moment hier in diesem Raum empfangen. Wir bräuchten nur das richtige Gerät dafür und bekämen ein Bild oder mehrere Programme, sogar in Farbe und in real time ins Haus. Daß das technisch möglich ist, das ist doch wirklich erstaunlich. Und in gleicher Weise gilt dies für das Beispiel der elektronischen Post per E-Mail, das ich bereits erwähnt hatte, wenn ich mir selbst eine Nachricht schicke, die um die Welt geht und fast sofort wieder bei mir angelangt ist. Dies geschieht nicht nur vereinzelt, sondern tausendfach zur gleichen Zeit. Es ist auch für mich absolut erstaunlich, wie dies möglich wurde und dank der vielen Erfindungen und Ingenieurtaten funktioniert. Wie gesagt, da kann man stolz sein, wenn man sich das überlegt. Man sollte dabei bedenken, es sind noch nicht einmal 40 Jahre vergangen, seit es den Sowjets zum ersten Mal gelang, einen Satelliten in den Weltraum zu bringen. Ich war zu diesem Zeitpunkt im Jahre 1957 gerade in Europa und erinnere mich noch sehr genau daran. Als ich das in der Zeitung las, war einer meiner ersten Gedanken, Mister Newton müsse nun doch angesichts dieser Nachricht und angesichts des Beweises, daß so etwas möglich ist, vor Freude in seinem Grabe springen. Er hatte bereits im 17. Jahrhundert die mathematischen Kenntnisse, die diese Möglichkeit anzeigten, aber erst im 20. Jahrhundert war es technisch realisiert worden. Es hat nicht lange gedauert, bis ich verstanden hatte, daß für viele Menschen diese Tatsache aber kein Grund zur Freude war. Die Amerikaner haben es als ein feindliches Signal empfunden und als Bedrohung angesehen. Wie Sie alle wissen, führte dies zu gewaltigen Anstrengungen der USA, den damaligen technologischen Vorsprung der Sowjets aufzuholen, und ganz bestimmt verdanke ich meine eigene Karriere letztlich auch diesem Umstand. Der »Sputnik-Schock« führte zu einem finanziellen Schub für die Hochschulen, so daß viele Dinge erforscht wurden und Leute wie ich ab 1963 nun auch an einer Universität lehren konnten.

Nachdem ich nun diese wissenschaftlichen und technischen Leistungen, die Fernsehen, World Wide Web und die Kommunikation über Satelliten möglich werden ließen, skizziert und anerkennend erwähnt habe, muß ich unbedingt noch einen anderen Punkt ansprechen, der bislang zu kurz gekommen ist. Sehen wir uns in Kenntnis der zuvor genannten Leistungen einmal die Inhalte an, die heute in der Mehrzahl auf diesen Kommunikationswegen »transportiert« werden! Stellen wir uns einmal vor, es gäbe da oben doch noch irgendwo lebende Wesen, die unsere Fernsehbilder empfangen könnten. Was würden sie von uns denken? Hätten wir Menschen einen Grund, stolz auf diese Errungenschaften zu sein und auf das, was wir damit machen? Ich spreche den Blödsinn an, den wir 24 Stunden Tag und Nacht über die Fernsehkanäle ausstrahlen, und ich befürchte, man wird das in entsprechender Weise wohl auch über das Internet und viele der Inhalte in diesem Netz sagen können.

Dieser Fortschritt hat also wieder einmal zwei Seiten. Es ist wirklich wahr, gegenwärtig haben wir die Möglichkeit, fast das gesamte gegenwärtige menschliche Wissen, und das ist nur ein kleiner Teil des Wissens aus allen Zeiten und Epochen, zu speichern und es zugänglich zu machen. Fast zu allen Fragen und Problemen ist heute irgendwo irgend etwas im Internet, im World Wide Web zu finden. Mir fällt dabei das Bild der amerikanischen Bibliothek in Washington ein, der Library of Congress. Das ist ein absolut imposantes Gebäude. Ich kann mir eine Familie vorstellen, die diese Sehenswürdigkeit besucht, und vielleicht erklärt die Mutter den Kindern, daß hier fast das gesamte Wissen, das aufgeschriebene Wissen der Menschheit um uns herum, auffindbar ist. Und vielleicht sagt und denkt die kleine Tochter dann: »Na, da wollen wir doch einmal eine Frage stellen, und vielleicht werden wir eine

Antwort bekommen.« Auch wir haben, so scheint es, angesichts der Fülle von Daten und Materialien, die im Internet erreichbar sind, jetzt die Illusion, daß wir nur eine Frage zu stellen brauchen und es kommt dann schon das Richtige heraus. Leider stimmt das aus verschiedenen Gründen nicht. Das funktioniert nicht wie ein Automat, bei dem ich eine Münze einwerfe und dann das Gewünschte herauskommt.

Dazu möchte ich noch eine kleine Geschichte aus meinem Familienkreis erzählen: Meine kleine Tochter, sie war vielleicht 7 Jahre alt, saß mit mir zusammen im Auto, und da lag ein Fotoapparat herum. Sie fragte mich: »Was für ein Zusammenhang besteht zwischen den Zahlen 1,4; 2; 2,8; 3,5; 5,6 usw.?« Sie hatte also die Zahlen an dem Kameraobjektiv gelesen und wollte wissen, warum sie so da sind, wie sie dort stehen. Ich habe ihr geantwortet: »Das ist eine gute Frage.« Ich wollte es ihr erklären, aber erst mal war ich beeindruckt und habe gesagt: »Das ist eine gute Frage.« Und dann fragte sie: »Was ist eine gute Frage?« Und da habe ich ihr gesagt: »Das ist auch eine gute Frage.« Damit treffe ich Unterscheidungen. Für mich ist eine gute Frage vergleichbar mit dem Entwurf eines Experiments, z. B. in der Physik. Man muß erst einmal viel wissen, und dann stellt man einen Zusammenhang her und konstruiert beispielsweise in der Physik ein Experiment. Auf diesem Weg befragt man dann die Natur. Dahinter steht der Gedanke oder der Entwurf eines Experiments. Da gibt es triviale und weniger triviale Experimente. Meine kleine Tochter muß doch gewußt haben, daß es irgendeinen Zusammenhang in dieser Reihe gibt. Das ist schon eine Idee, die vielleicht nicht jedes siebenjährige Kind hat. Sie verstehen bestimmt, wenn ich noch etwas hinzufüge. Dasselbe Mädchen hat mich später einmal gefragt: »Daddy, wie spät ist es?« und dann hinzugefügt: »Ich will jetzt aber nicht wissen, wie eine Uhr gebaut ist.« Soviel zu meiner Tochter und ihren Fragen in der Kindheit.

Wenn ich jetzt noch einmal auf den Punkt der Inhalte zurückkomme und Sie wissen wollen, was ich über das Internet denke oder zum Fernsehen meine, so muß ich über das Fernsehen ja wohl kaum noch etwas sagen, denn das ist doch offensichtlich. Der allergrößte Teil ist Trivialität, Quatsch oder Blödsinn. Mit dem Internet verhält es sich etwas anders. Ich habe soeben die Analogie zur Congress-Bücherei hergestellt, um zu zeigen, daß hier viele Möglichkeiten bestehen, sich Informationen zu beschaffen. Das Bild jedoch, das ich gegenwärtig vor mir habe, wenn ich das Internet insgesamt betrachte, ist eher so ein Abfallhaufen, ein Schrotthaufen, wie man das in Bombay sehen kann, und das ist keineswegs erstrebenswert. In Bombay leben z.B. Leute nicht nur am Rande dieses Abfallhaufens, sie leben sogar auf diesem Haufen. Unter ihnen sind viele kleine Kinder, meistens nackt, und sie wühlen da die ganze Zeit herum. Ab und zu finden sie etwas, das sie benutzen können. Ab und zu finden sie etwas, das sie essen können, oder sie essen es ganz einfach. Es kann wohl sein, daß da vielleicht auch eine Perle irgendwo drinsteckt. Vielleicht wird sie jemand finden und sie als Perle erkennen, aber trotzdem: Es bleibt für mich abscheulich. Ähnlich scheint es mir mit dem Internet zu sein.

Das Internet kann also als Müllhaufen mit Perlen darin bezeichnet werden. Diesem Vorwurf wird mit dem Argument begegnet, daß ja durch das Internet erstmalig die Möglichkeit besteht, eine Vielzahl und Vielfalt von Informationen zu bekommen. In gewissen Situationen sollte man sehr vorsichtig sein mit dem Wort Information. Die Signale im Computer sind keine Informationen. Es gibt nur einen Weg, aus Signalen Informationen zu machen, nämlich die Signale zu interpretieren. Zur Interpretation muß man das menschliche Gehirn benutzen, und die Interpretation bedeutet natürlich Arbeit. Zum Müll im Internet ist anzumerken, daß das Internet jetzt ein Massenmedium ist. Es scheint ein Naturgesetz zu sein, daß jedes

Massenmedium zu 90-95% Schrott produziert. Da brauchen wir uns nur das Radio oder das Fernsehen anzusehen. Am Anfang waren mit den Massenmedien allerlei Hoffnungen und Vorhersagen verbunden. Man erwartete beispielsweise, daß sie die Bildung der Menschen verbessern würden. Die gleichen Hoffnungen werden jetzt auch beim Internet geweckt. Aber ich denke, jemand, der bestreiten wollte, daß von den Massenmedien größtenteils Schrott produziert wird, würde es mit der Begründung sehr schwer haben.

Natürlich gibt es auch Perlen im Internet. Um die jedoch zu finden, braucht der Benutzer eine gewisse Kompetenz. Man muß sich für einen Fachbereich entscheiden, in dem man sich bereits auskennt. Man muß so viel wissen, daß man in der Lage ist, eine gute Frage zu formulieren. Wenn ich ins Internet gehe mit einer Frage über Grammatik, kann ich eine Goldgrube oder einen Sack von Perlen finden. Es würde aber nicht genügen, in eine Suchmaschine einfach den Begriff »Grammatik« hineinzutippen. Ich muß schon eine spezifischere Frage haben, und dann kann es sein, daß ich auf etwas komme, was mich zu etwas Neuem führt usw. Das ist natürlich kein Schrott, aber das einfache Surfen, bei dem man einen Link nach dem anderen verfolgt, das willkürliche Surfen, das führt sehr schnell zum Anhäufen von Müll. Auch bei den verschiedenen Chatgroups und Newsgroups wird ganz stark sichtbar, daß sehr viel Unsinn im Spiel ist. Man gelangt bald zur Analogie mit dem Fernsehen.

Ich erinnere mich an ein sehr altes Medium, an die Flaschenpost. Ein sehr demokratisches Medium. Jeder kann eine Flasche nehmen, eine Botschaft hineinstecken, und sie ins Meer werfen. Die Frage ist nur, wer es liest. Also, die Möglichkeit, daß jeder etwas ins Internet einschreiben kann, bedeutet nicht sehr viel. Das willkürliche Hineinwerfen bringt genauso wenig wie das willkürliche Fischen.

Eine gute Analogie zur Einführung des Internet ist auch die vor vielen Jahren in Amerika erfolgte Einführung des »Citizen Band Radio«. Das ist die Möglichkeit, einen Radiosender und Empfänger im Auto zu haben, der jedoch nur eine Reichweite von etwa 20 km hat. Dieses Radio konnte jeder haben. Es gab darin verschiedene Kanäle, einen für Notfälle, einen für die Polizei und viele freie Kanäle. Man konnte im Auto sitzen, und wenn man die Orientierung verloren hatte, einfach hineinsprechen: »Kann mir jemand helfen, ich bin vor dem Rathaus.« Und dann reagierte jemand und fragte: »Ja, wo wollen Sie hin?« Und dann half er einem weiter. Manche Leute hatten auch so ein Radio zu Hause und saßen den ganzen Tag und hörten zu und gaben Rat. Über zwei oder drei Jahre war dieses Gerät ein Muß. Jeder mußte dieses CB-Radio haben, es wurde sogar in neue Autos eingebaut. Bei einer spezifischen Frage wie »Ich bin vor dem Rathaus und wie komme ich von hier nach irgendwo?« war es schon eine große Hilfe. Es war aber wieder einmal genauso wie bei den anderen Massenmedien, daß der Inhalt zu neunzig Prozent einfach Luft war. So verschwand das CB-Radio, es ist einfach nicht mehr da, außer bei den großen Lastwagen, die von einer Stadt zur anderen fahren, die haben es immer noch. Auch bei der Einführung des CB-Radios wurde sehr viel gesagt über neue Möglichkeiten für die Demokratie, und trotzdem ist es wieder verschwunden.

Dasselbe, was einst über die Möglichkeiten des CB-Radios gesagt wurde, wird jetzt über das Internet gesagt: Jeder hat Zugang, es ist ganz neu, es ist eine Unterstützung der Demokratie usw. Sicher trägt das Internet dazu bei, daß sich heute kein Staat so abschirmen kann, Nachrichtensperren installieren oder das eigene Volk so isolieren kann, daß nichts mehr nach außen dringt. Wenn ich mir jedoch einen Stalinstaat vorstelle, so würde es darin für den Geheimdienst dennoch möglich sein, die Bevölkerung so zu terrorisieren, daß sie dieses Instrument kaum benutzen wird. Der Geheimdienst in einem so brutalen Regime wird abhören und herausfinden, wer wann welche Nachrichten woher bekommt. Das ist beim Internet zwar nicht so leicht wie bei einem Radiosender, aber es ist nicht unmöglich. Man sollte den totalitären Staat, seine Macht und seine Fähigkeit zum Terror nicht unterschätzen.

Wichtig ist immer, in welches gesellschaftliche Umfeld ein Massenmedium, egal welches, eingebaut ist. Ich habe mich wiederholt gegen die vermeintliche Wertfreiheit von Werkzeugen und Instrumenten ausgesprochen, ob es nun der Computer oder ein Maschinengewehr oder ein japanisches Schwert ist. Jedes Instrument erbt und erhält seinen Wert von der Gesellschaft, in die es eingebettet ist. In einer »freien« Gesellschaft könnte das Internet eine Hilfe zur Demokratie sein.

Ich möchte noch etwas erwähnen im Zusammenhang mit der Überschätzung der Technik. Vom Massenprotest gegen die WTO-Konferenz in Seattle, der vor kurzem stattgefunden hat, wurde behauptet, er sei unmöglich gewesen ohne das Internet. Diese Behauptung ist falsch. Daß die Protestversammlung vom Internet unterstützt wurde, ist gar keine Frage. Wenn ein Instrument da ist, dann spielt es eine Rolle, aber es ist nicht unbedingt notwendig für die Aktion überhaupt. Auch wenn Telefon und Internet für politische Demonstrationen eingesetzt und benutzt werden, bedeutet das nicht, daß sie das Wesentliche waren, das die Menschen zur politischen Aktion zusammengebracht hat. In diesem Sinn wird die Technik heute oft überschätzt. 1968, zur Zeit der schweren Demonstrationen beim Kongreß der Demokraten in Chicago, gab es kein Internet, und trotzdem hat es nicht lange gedauert, bis die Leute wußten, daß die Polizei hier gegenüber den Demonstranten verrückt gespielt hatte. In diesem Sinn kann die Technik überschätzt werden. Die Technik ist immer ein Hilfsmittel, das bestimmte Dinge erleichtern kann oder auch nicht.

Abschließend stellt sich auch die Frage, wer ist verantwortlich für den Inhalt des Internet, für Nazi-Webseiten oder Kinderpornos? Wo sind die Verantwortlichen? Das Thema ist sehr ernst. Hier muß ich wiederholen, daß jedes Medium immer in die jeweilige Gesellschaft eingebettet ist. Bezüglich Verantwortung denke ich an so furchtbare Dinge wie das *My-Lay-Massaker* im Vietnamkrieg. Der befehlshabende Leutnant wurde angeklagt, fühlte sich aber nicht schuldig, sondern schob die Verantwortung nach oben auf Captain Medina ab, der hinter den Linien war. Schließlich kam sie bis zu General Westmoreland, und der war auch nicht verantwortlich. Dann ging die Diskussion wieder los, ob nicht doch die Verantwortung unten beim Leutnant gelegen ist.

Wir leben in einer Gesellschaft, in der eine große Scheu davor existiert, Verantwortung zu übernehmen. Das ist ein allgemeingesellschaftliches Phänomen. Wir sollten uns also nicht wundern, wenn wir in irgendeinem Zusammenhang, an den wir vorher nicht gedacht haben, genau auf dieses Phänomen der Verweigerung von Verantwortung treffen. Verantwortung ist keine technische Frage, sondern eine gesellschaftliche. Unser gesellschaftlicher Zustand ist charakterisiert durch Verweigerung von Verantwortung. Unsere Gesellschaft hat die Technik entwickelt, Verantwortung so zu verteilen, daß niemand sie hat.

Vielleicht ist es aber auch ein Charakteristikum unserer Zeit, daß ein Großteil der Kommunikation in den Netzen als Unsinn angesehen werden kann. Es scheint einfach unter uns Menschen nicht so viel Kreativität zu geben. Wir haben so viele Fernsehkanäle, die 24 Stunden am Tag Programm ausstrahlen, die kann man sicher nicht alle mit Weisheit füttern. Warum sollte dies nun im Internet also auf einmal anders sein als beim Fernsehen?

Man spricht heute häufig von einer Wissensexplosion, mit der wir konfrontiert sind. Dieses Wort, auf englisch *knowledge explosion*, kannten wir schon, bevor das Internet in Mode kam. Vor vielleicht zehn oder fünfzehn Jahren haben wir bereits darüber gesprochen, aber auch damals stimmte das so nicht. Was wir hatten und was wir haben, das ist eher eine »Quatsch-Explosion«. Es ist einfach so, daß die meisten Papiere, die in den wissenschaftlichen Journalen heute publiziert werden, von kaum jemandem mehr gelesen werden. Es gibt eine ungeheure Publikationsflut, aber nur wenige tatsächlich neue Entdeckungen. Sehen Sie sich nur einmal an, wie viele wissenschaftliche Journale es heute gibt, und vergleichen Sie dies mit der Situation vor 10, 20, oder 30 Jahren. Dank der PC-Technologie steigt der Anteil von Texten und Veröffentlichungen exponentiell. Die Studenten an meinem Institut, dem MIT, haben uns gezeigt, daß man sogar Papiere verfassen kann, die man nicht einmal selber mehr lesen muß. Dies alles geht mit Hilfe des Computers. Die Masse von Veröffentlichungen, die heute in die Welt und die Datennetze gesetzt werden, haben in den meisten Fällen eben nicht die Qualität, die ich mir wünschen würde. Dies ist leider so. Zum Schluß meiner Ausführungen möchte ich noch eine Anregung zum Nachdenken und für die Diskussion geben oder auch ein wenig provozieren, indem ich eine Frage stelle. Meine Frage lautet: Wer unterliegt der Macht der Technik? Ist es derjenige, der sie undifferenziert bejubelt, oder ist es der, der die Verhältnisse kritisch betrachtet und unter Umständen auch zu bestimmten Entwicklungen »Nein« sagen kann?

3. Das Menschenbild im Licht der künstlichen Intelligenz

Jede Zeit hat ihre eigenen Mythologien. In früheren Zeiten waren die mythologischen Überlieferungen an die Modernität systematisch miteinander verknüpft und hatten große Beständigkeit; Mythologien überlebten Hunderte, sogar Tausende von Jahren. Heutzutage scheint nichts mehr lange Beständigkeit zu haben. Die Zeit scheint immer schneller zu fließen. Wir beobachten das nicht ohne eine gewisse Ängstlichkeit, sowohl in der internationalen Weltpolitik als auch beispielsweise in unseren Schulen. So schnellebig sind auch die Mythologien unserer Zeit. Sie scheinen plötzlich zu kommen, unser Weltbild zu determinieren, um dann genauso plötzlich ihren Platz in unserem Denken zugunsten einer neuen Mythologie zu räumen.

Ich denke hier z.B. an unser einst mechanistisches Weltbild, das plötzlich von Albert Einstein und seiner Relativitätstheorie in Frage gestellt wurde. Einstein wurde einerseits wie ein Star umjubelt, während andererseits – und das ist paradox – das Gerücht verbreitete wurde, daß nur fünf Menschen auf der Welt die Relativitätstheorie überhaupt verstanden haben, was selbstverständlich falsch war. Und schließlich wurde die Grundidee, die Urmetapher, in der Öffentlichkeit zu der Aussage verwandelt, alles sei relativ, was beispielsweise zu einem erheblichen Autoritätsverlust der traditionell absoluten Moral führte. Eine wichtige Idee wurde somit falsch verstanden und begründete einen weitverbreiteten Irrglauben.

Heute herrscht die Naturwissenschaft als Fundament für nahezu alle unsere Vorstellungen, wie die Welt ist, warum die Welt so ist, wie sie ist, und wie und wer wir selbst sind. Eins aber ist ganz sicher: Die Naturwissenschaft ist die heute nachhaltig vorherrschende Weltreligion! Es gibt

Novizen, das sind z. B. die Studenten, es gibt Priester und Bischöfe, sogar Kardinäle: die Nobelpreisträger. Ob es einen Papst gibt oder nicht, kann bestritten werden. Es gibt Kirchen, ja sogar Kathedralen. Ich behaupte, daß die berühmten Technischen Universitäten – darunter das Massachusetts Institute of Technology (MIT) – wissenschaftliche Kathedralen sind.

Auch die notwendigen Rituale fehlen nicht – es gibt Sekten, Ketzerei, Exkommunikation und vieles mehr. Das sicherste Zeichen, daß die Naturwissenschaft zu einer Religion – man könnte auch sagen »Ideologie« – geworden ist, ist die Wissenschaftsgläubigkeit der meisten modernen Menschen. Sie unterscheidet sich kaum von der auch heute noch anzutreffenden Religionsgläubigkeit. Auch diese beruhte auf der Autorität ihrer Priesterschaft – so wie die Wissenschaftsgläubigkeit heute. Der moderne Mensch glaubt beispielsweise, daß die Erde sich um die Sonne dreht und nicht umgekehrt. Aber die vor ihm sichtbare Realität widerspricht dieser These jeden Tag! Die Menschen sehen die Bewegung der Sonne und die Bewegungslosigkeit der Erde mit ihren eigenen Augen. Die meisten können keinerlei Beweisführung für ihren festen Glauben anbieten: Ihr Glaube an die Aussagen der Naturwissenschaftler, qua Priester, ist unbedingt, blind und unbegrenzt.

Selbstverständlich hat der Siegeszug der fürstlichen Tochter der Naturwissenschaft, der modernen Technologie, sehr viel mit dem ungeheuer großen Maß an Naturwissenschaftsgläubigkeit zu tun. Die fast magischen Geräte, die die naturwissenschaftlich basierte Technologie in unseren Alltag eingeführt hat, funktionieren. Wir können Boris Beckers Tennisgeschicklichkeit, ob sie in Frankfurt oder Tokio zum Test kommt, in »Echtzeit« und *living color* in unseren Wohnzimmern beobachten. Unsere Herzen, Nieren, Lungen etc. können in andere Menschen verpflanzt werden, und wir fliegen angstfrei über die Kontinente und Meere der Erde, um nur drei Beispiele des Triumphes unserer Technologie zu erwähnen.

Die alltägliche Demonstration der Macht unserer Technologie verleiht den Priestern der Kirche, die das alles ermöglichen, eine fast grenzenlose Autorität und Glaubwürdigkeit. Aber während die Triumphe der Technologie sich häufen, wird die zugrundeliegende Naturwissenschaft immer abstrakter und damit für die Öffentlichkeit, sogar für die gebildete Öffentlichkeit, undurchschaubarer, sogar unverständlicher. Paradoxerweise erhöht dieser Umstand die Inbrunst der Gläubigen. Immer mehr Menschen leiden bis zur Verzweiflung an dem Gefühl einer unkündbaren Entlegenheit eines ganzen Kontinents von grundlegendem Wissen unserer Zeit. Dies führt zu einem Verlust des Selbstvertrauens und der Selbstsicherheit in bezug auf die eigenen intellektuellen Fähigkeiten. Um so mehr steigt die Abhängigkeit von Experten einschließlich den Priestern der Naturwissenschaften.

Das philosophisch gesehen höchst spektakuläre und auch deswegen wichtigste Zaubergerät, das die Technik in der jüngsten Zeit in das Alltagsleben des modernen Menschen eingeführt hat, ist der Computer. Leider waren die früheren Computerfachleute maßlos unverantwortlich in ihren Berichten an die Öffentlichkeit. Der Computer wurde von Anfang an als Riesengehirn (*giant brain*) bezeichnet, mit menschlich intellektuellen Fähigkeiten charakterisiert und im allgemeinen als »Problemlöser« präsentiert. Heroische Leistungen wurden dem Computer zugeschrieben. Noch in der Frühzeit des Computers behaupteten führende Computerwissenschaftler an Eliteuniversitäten, sie hätten das Problem der automatischen Sprachübersetzung im Prinzip vollständig und tatsächlich nahezu gelöst. Sie logen. Ob sie das wußten oder nicht, bleibt eine noch immer offene Frage.

Sicherlich waren sie vom Potential des Computers fasziniert, mit Recht. Aber sie waren weder ausreichend auf die Schwierigkeiten ihrer selbstgestellten Aufgaben vorbereitet noch erfahren genug. Heute reicht diese Ausrede selbstverständlich nicht mehr. Aber die Ansprüche der jetzigen Generation von Computerwissenschaftlern (Informatikern) sind oft ebenso absurd, unbegründet, zügellos und unverantwortlich wie die der ersten Generation.

Die Öffentlichkeit, ohnehin immobilisiert und demoralisiert in Sachen Technologie und Naturwissenschaft, hat jetzt die Ansprüche der Computerwelt zu beurteilen und in Kategorien wie Glaubwürdigkeit und Unsinn zu sortieren. Sie ist auf diese Aufgabe ebensowenig vorbereitet wie etwa gläubige Menschen im Mittelalter es waren, die die Aussagen ihrer Theologen bewerten wollten.

Die größten Missetäter sind unter den akademischen Forschern im Bereich der Computerwissenschaften zu finden, der sich künstliche Intelligenz oder einfach KI nennt – besonders in Amerika.

KI – oder AI (*Artificial Intelligence*) im englischen Sprachraum – wurde als eine Spezialität des allgemeinen Fachs *Computer Science* (oder »Informatik«) 1956 gegründet. Schon am Anfang spaltete sich die KI in zwei Zweige: die Aktivisten und die Ideologen. Das Merkmal der Aktivisten ist ihr Interesse am Entwurf von Computersystemen, die sehr kluge und geschickte Arbeiten leisten. Arbeiten, die als Werke intelligenter Menschen erkannt würden, wüßte man nicht, daß Maschinen sie vollbracht haben. Aktivisten lernen gerne, in welcher Art und Weise Menschen die Aufgaben verrichten, die der Computer übernehmen soll, und nutzen oft die so gewonnenen Einsichten für ihre Programme. Aber sie bestehen nicht darauf, ihre Maschinen als Modelle menschlichen Verhaltens zu bezeichnen. Ihr Hauptziel ist es, kluge Computersysteme zu entwerfen und herzustellen.

Die Ideologen haben nichts geringeres vor, als Modelle des menschlichen Denkens zu entwerfen, die den Menschen zum einen in der Denkfähigkeit weit überlegen sein sollen und zum anderen wissenschaftliche Erklärungen des Denkprozesses, der Funktion des menschlichen Gehirns, des genauen modus operandi der Emotionen etc. liefern sollen. Nebenbei wollen die Ideologen, daß ihre Modelle auch praktisch funktionieren. Die Entwicklung von funktionsfähigen Modellen steht offensichtlich weniger im Vordergrund als der Anspruch, daß die zugrundeliegenden Theorien mindestens plausibel sind.

Der Aktivistenzweig der KI hat weniger Prestige in den Universitäten und in der Öffentlichkeit als der Idealistenzweig. Der Hauptgrund dafür ist, daß die Aktivisten an ihren gelungenen Projekten gemessen werden, nicht an dem, was sie vielleicht nächstes Jahr schaffen können. Die Ideologen andererseits werden gemessen an den Ansprüchen, die sie an die – oft ferne – Zukunft stellen. Die Öffentlichkeit ist davon überzeugt, daß die Aufgabe, den ganzen Menschen in ein Computersystem zu fassen, ungeheuerlich schwer ist und daß die Fortschrittsberichte der Ideologen jenseits der Verständnisschwelle des einfach gebildeten Menschen liegen. Es bleibt den durchschnittlichen Menschen nichts anderes übrig, als den sensationellen Berichten zu glauben und zu staunen.

Einige Beispiele: Die Aktivisten haben Computersysteme geschaffen, die Schach auf Weltklasseebene spielen. Dabei wurden jedoch kaum Erkenntnisse darüber gewonnen, was in dem Gehirn eines Weltmeisters in dem Moment vorgeht, in dem er über seinen nächsten Zug entscheidet. Die Qualität des Computerspiels ist in großem Maß der unglaublich hohen Rechengeschwindigkeit und der riesigen Speicherkapazität hochmoderner Computer zuzuschreiben. Die Gesellschaft ist bereit, Computeringenieure, die ultraschnelle Computer herstellen, zu belohnen. Aber die Informatiker, die später solche Maschinen – d. h. die Macht solcher Maschinen – benutzen, um ein großes Problem zu lösen, gewinnen wenig Prestige.

Die Ideologen sprechen und schreiben ganz anders. In

jüngster Zeit schrieb Hans Moravec, Leiter des *Mobile Robot Laboratory* der Carnegie Mellon University (Pittsburgh, PA), daß jede »wesentliche« Funktion des Menschen, sei sie nun körperlich oder geistig, schon sehr bald ein »künstliches Gegenstück« haben wird und daß die Robotiker eine Maschine schaffen werden, die »denkt und handelt wie ein Mensch, so wenig sie ihm auch in physischen oder geistigen Details ähneln mag.« Er geht sogar so weit zu prophezeien, daß solche Maschinen »unsere zivilisatorische Evolution vorantreiben« könnten.

Solche Aussagen der Ideologen haben verschiedene Wirkungen in der Öffentlichkeit: Erstens, sie mit der Tiefe der Aufgaben, mit der sich die KI beschäftigt, zu beeindrucken. Zweitens, anzudeuten, welcher Fortschritt bereits erzielt wurde. Und drittens – und dies ist besonders wichtig – ein gewisses Menschenbild als völlig selbstverständlich in der Gesellschaft zu propagieren. Diese Strategie ist deshalb so wirkungsvoll, weil die Naturwissenschaften seit langem den menschlichen Verstand in diese Richtung geprägt haben.

Heute streiten nur wenige Menschen darüber, daß der Mensch im Grunde genommen eine informationsverarbeitende Maschine ist oder daß Teile des lebenden Menschen künstlich oder durch Spenderorgane ersetzt werden können. Fast die gesamte abendländische Medizin ist auf dieser materialistischen Hypothese aufgebaut.

Der Glaube, die Naturwissenschaft habe es endlich möglich gemacht, zum einen über die KI, zum anderen über die Genetik, künstliche Wesen herzustellen, die nicht nur als Menschen funktionieren, sondern überdies der Perfektion näher sind als natürliche Menschen, hat das Menschenbild unserer Zeit tief beeinflußt. Die kritischen Fragen, die nun im Vordergrund stehen, sind: Was ist das Wesentliche des Menschseins? Welche Eigenschaften der menschlichen Intelligenz sind *computable*?

Der Streit darüber, welche Eigenschaften der menschlichen Intelligenz sich nun genau in Form von Computerprogrammen verschlüsseln lassen, hat die *Artificial Intelligence*-Gemeinde lange Zeit beschäftigt. Er entzündet sich z.B. an der Frage, bis zu welchem Grad ein Computer lernen kann, menschliche Sprache zu »verstehen«. Ich vertrete seit langer Zeit die Position, daß wir Menschen Sprache auf Grund unserer eigenen, ich würde sagen vollständigen, persönlichen Lebensgeschichte verstehen. Weil nun keine zwei Menschen genau die gleiche Lebensgeschichte vorweisen, können auch keine zwei Menschen einander perfekt verstehen. Aber der größte Teil unseres Sprachverständnisses steht in Kontexten, die wir mit anderen Menschen teilen. Diese gemeinsamen Kontexte machen es uns möglich zu verstehen, was andere uns mitteilen. Die bloße Idee einer linguistischen Botschaft außerhalb jedes Kontextes und ohne jede Absicht ist eine Absurdität. Die Idee, eine Botschaft könne eine Bedeutung haben, ohne daß ein potentieller Empfänger existiere, der sie entschlüsseln kann, ist ebenso absurd.

Ein entscheidender Aspekt der Lebensgeschichte jedes menschlichen Wesens ist, daß jedes von einer Mutter geboren wurde, daß jedes primitive biologische Bedürfnisse hat, die von der Mutter oder von einer anderen Person an Mutters Stelle befriedigt wurden, daß es einen menschlichen Körper besitzt, der beim Verstehen und Wissen zwangsläufig eine Rolle spielt. Ich habe einmal geschrieben: »Ein Mensch könnte z.B. wissen, was für eine Art von Gefühl es ist, wenn er die Hand eines anderen berührt. Der Erwerb dieses Wissens ist sicherlich nicht ausschließlich eine Funktion des Großhirns. Das Wissen schließt zum Teil das Bewegungsempfinden ein, sein Erwerb setzt den Besitz einer Hand voraus, um nur das Allermindeste zu nennen.«

Ein elementares Beispiel: Was bedeutet es, eine Hand auf der Schulter zu spüren? Eine ernsthafte Antwort hierauf können Sie mir nur geben, indem Sie eine Geschichte erzählen: Ein junger Mann hat Krach mit seiner Freundin gehabt, sie hat ihn verlassen. Und nun sitzt er in der Bibliothek, versucht zu arbeiten, er ist sehr zerstreut, und plötzlich spürt er eine Hand auf seiner Schulter. Oder eine andere Geschichte: Jemand wird von der Polizei verhört; er saß auf einer Bank im Wartesaal des Bahnhofs und fühlte plötzlich eine Hand auf seiner Schulter.

Es wird deutlich, daß beide Gefühle nur im Kontext erklärt werden können, denn die tiefere Bedeutung ist eine völlig andere. Um diese beurteilen zu können, muß man Lebenserfahrung haben und ein menschliches Empfindungsvermögen besitzen. Es gibt mit anderen Worten Dinge, die Menschen nur deshalb wissen, weil sie einen Körper haben. Kein Organismus, der keinen menschlichen Körper besitzt, kann diese Dinge in der gleichen Weise wissen wie der Mensch. Jede symbolische Umschreibung dieses Wissens muß notwendigerweise an Information verlieren, die andererseits für manche menschlichen Zwecke entscheidend ist.

Mir scheint, dies ist ein elementarer Punkt. Daß die *Artificial-Intelligence*-Elite glaubt, Gefühle wie Liebe, Kummer, Freude, Trauer und alles, was die menschliche Seele mit Gefühlen und Emotionen aufwühlt, ließen sich einfach mir nichts dir nichts in einen Maschinenartefakt mit Computergehirn transferieren, zeigt, wie mir scheint, eine Verachtung für das Leben, eine Verleugnung ihrer eigenen menschlichen Erfahrung, um es vorsichtig auszudrücken. Ich war überhaupt nicht überrascht, als ich den amerikanischen Philosophen Dan Dennett sagen hörte: »Wir müssen uns von unserer Ehrfurcht vor dem Leben befreien, wenn wir mit der künstlichen Intelligenz Fortschritte machen wollen«, und noch weniger, als der Informatiker Douglas Hofstadter erklärte, daß »die menschliche Rasse alles in allem nicht das Wichtigste im Universum« sei.

Ideen, auch falsche Ideen, haben Macht. Die Idee, daß ein Mensch ein Objekt ist, getrennt von seiner Umwelt, vom Mitmenschen oder jedenfalls trennbar – für naturwissenschaftliche Zwecke –, ist falsch und gefährlich. Sie kommt zustande und gewinnt an Einfluß nur aufgrund der Unterwürfigkeit des modernen Menschen gegenüber der Naturwissenschaft. Der Wiedergewinn unseres Vertrauens in unsere eigene Denk- und Traumfähigkeiten ist notwendig, um ein vieldimensionales Menschenbild (wieder?) herzustellen.

4. Kann der Computer Menschen verstehen, und warum brauchen wir überhaupt Menschen?

Ich möchte mit der zweiten Frage beginnen. In Diskussionen über die Zukunft des Menschen und der Computer fällt häufig der Satz: »Ein Computer kann im Prinzip alles.« Hier stellt sich dann die Frage: Wenn der Computer wirklich alles kann, warum brauchen wir dann überhaupt Künstler? Oder sogar: Warum brauchen wir überhaupt Menschen? Ich habe Kollegen, die schon seit vielen Jahren dabei sind, diese Fragen zu beantworten. Und ihre Antwort lautet: Richtig, wir brauchen keine Menschen. Sie vertreten die Meinung, wir sollten es zu unserem Forschungsziel machen, die Menschen loszuwerden. Sie werden mir entgegenhalten, daß Sie das nicht glauben, daß Sie das für eine Übertreibung halten. Diese Reaktion begegnet mir immer wieder, in Deutschland, im Ausland überall. Und trotzdem muß ich Ihnen sagen, es ist keine Übertreibung. Vertreten wird z. B. diese Haltung im Buch *Mind Children*, auf deutsch *Kinder unseres Geistes*, von Hans Moravec, der Wissenschaftler und Leiter des *Mobile Robot Laboratory* an der Carnegie Mellon University in Pittsburgh, Pennsylvania ist. In diesem Buch wird behauptet, daß es in 40 Jahren Roboter geben wird, die ungefähr die Intelligenz eines Menschen haben. Und es wird dann nicht mehr lange dauern, bis die Computer einsehen, daß sie ohne uns Menschen viel besser auskommen können. Dann fangen sie an, uns loswerden zu wollen. Und das dauert gar nicht so lange. Wir stehen also vor dem Ende der Menschheit, einem *post biological age*, in dem z. B. die DNA keine Funktion mehr hat. Die nächste These lautet: Es geht dadurch nicht viel verloren. Das ist zweideutig. Man könnte zuerst sagen, es wird nicht viel verlorengehen, in dem Sinn, daß die menschliche Kultur und alles, was wir hervorgebracht haben, nicht viel wert ist. Oder man könnte sagen: Diese Roboter werden das alles bewahren und weitertragen. Wir können uns auf sie verlassen. In diesem Fall ist das Zweite gemeint.

In *Mind Children* wird behauptet, wir könnten den ganzen Menschen im Computer erfassen. Nicht nur so im Prinzip oder abstrakt, sondern konkret einen ganz bestimmten Menschen. Ich kann in einen Computer erfaßt werden. Und wenn das geschehen ist, dann ist dieser Computer ich. Keine Kopie, keine Simulation, keine Darstellung, er ist ich. Auch in diesem intellektuellen Kreis kann ich vielleicht annehmen, daß jeder die amerikanische Fernsehserie *Star Trek* kennt. In dieser Serie fliegen Menschen in einem Raumschiff durch den Weltraum und verlassen es von Zeit zu Zeit, um fremde Planeten oder Sterne zu besuchen. Von dort müssen sie ins Raumschiff wieder heraufgeholt werden. Dazu sprechen sie in das Mikrofon ihres Senders: »Beam me up, Scotty!« Scotty ist der Mann, der das Instrument bedient, mit dessen Hilfe sie zurückgelangen. Und dann erscheinen sie auf einmal wieder im Raumschiff. Wie wird das in dieser Geschichte des *Star Trek* gemacht? Der Mensch, der außerhalb des Raumschiffs »abgebeamt« werden soll, der wird von einem Instrumentarium in seine kleinsten Teile zerlegt, sozusagen analysiert. Und diese Analyse wird dann zum Raumschiff gestrahlt und dort wird er wieder zusammengesetzt. Dann ist er wieder da. Das ist tatsächlich aber nicht derselbe Mensch, es sind nicht dieselben Atommoleküle, es ist eine Wiederherstellung. Ich erwähne das, weil Hans Moravec selbst dieses Beispiel als eine Analogie anführt für das, was in naher Zukunft möglich sein wird.

Hans Moravec hat gesehen, daß es, wenn er die These aufstellt, der Mensch könne völlig vom Computer erfaßt werden, zu der Frage kommen muß: Was ist überhaupt das Wesentliche des Menschseins? Und zu seinem Verdienst stellt er die Frage sogar an der richtigen Stelle in diesem Buch. Seine Antwort ist – ich verkürze das jetzt ein bißchen:

Der Mensch ist eine Menge von Informationen. Und was soll man mit dem Körper machen? Auch das beantwortet er. Ich werde das erst einmal auf englisch sagen: »The body is only jelly.« Er ist nichts anderes als Gelee, das das Ganze zusammenhält. Wenn wir z.B. die 9. Symphonie von Beethoven auf einer CD haben, dann haben wir die riesige lange Zahlenfolge, die die Information »9. Symphonie« ausmacht, auf dem Medium CD festgehalten. Und der Körper hat ungefähr dieselbe Funktion, das Speichermedium einer bestimmten Menge von Informationen zu sein.

Zu Herausgabe des Buches *Mind Children* und zu Hans Moravec möchte ich noch etwas anmerken. In Amerika gibt es drei Universitäten, die auf dem Gebiet der Künstlichen Intelligenz führend sind. Das ist die Stanford University in Kalifornien, die Carnegie Mellon University in Pittsburgh, Pennsylvania, und das MIT in Cambridge, Massachusetts, wo ich bin. Es ist bemerkenswert, daß dieser Hans Moravec der Leiter des *Mobile Robot Laboratory* an dieser führenden Universität ist, nicht an irgendeiner beliebigen Universität. Vielleicht noch bedeutender ist, daß das Buch von der *Harvard University Press* herausgegeben wurde. Das heißt, daß es von vielen Leuten in Harvard gelesen wurde, die es für seriöse Wissenschaft, also *serious science*, halten. Eben nicht für Science Fiction. Das Buch wird sehr ernst genommen. Was kann man dazu sagen?

Im Buch wird behauptet, daß der Mensch eine Fehlentwicklung sei und daß wir es heute besser wissen und besser können. Dann stellt sich die Frage: Besser als was? Better than what? Und die Antwort ist: Besser als die Frauen es können, wenn sie Leben gebären. Wir sehen, daß diese armen Wesen, die da geboren werden, schwach sind, daß wir sie ganz langsam nützlich machen können, aber es dauert lange, und es ist sehr problematisch. Es sind also Fehlentwicklungen. Wir können es heute besser machen. Wir können künstliches Leben herstellen, das viel besser ist als der Mensch, viel intelligenter als der Mensch und das unsterblich ist. Das ist ein großes Thema in diesem Buch, daß Roboter unsterblich sind. Warum unsterblich? Eben weil das Wesentliche des Menschen Information ist. Und Information kann in digitaler Form, wie eine CD-Platte, ganz genau kopiert werden. Z.B. sagt Hans Moravec, wenn er sieht, daß er in der nächsten Minute von einem Auto überfahren und getötet werden wird, dann kann er sich ganz schnell – das Wort ist *downloading* – ganz schnell in einen Computer transferieren, also seine Informationen übergeben, und dann lebt er weiter. Und er lebt nicht nur weiter, er ist auch unsterblich. D. h., wenn dieser Computer mal ein bißchen rostet, wenn er nicht mehr gut genug funktioniert, dann kann dieses Wissen, diese Information, einem anderen Computer übergeben werden. In diesem Sinne wäre die menschliche Kultur dann gerettet und wird weiterentwickelt.

Meiner Auffassung nach ist der Mensch nicht bloß Information, und daher halte ich die Reduktion des Menschen auf eine Speicherplatte für unmöglich.

Zur Frage »Kann der Computer verstehen?« gibt es eine Reihe von Nebenfragen. Hat verstehen etwas mit Kunst zu tun? Mit Kreativität? Mit Produktion von Wissen? Kann der Computer überhaupt produzieren? Dazu eine Nebenfrage, die vielleicht auch schon eine Antwort ist: Kann ein Kernkraftwerk Energie produzieren? Es ist doch ganz klar: Nein. Es kann Energie verwandeln, umwandeln, aber nicht produzieren.

Ist Verstehen eine notwendige Voraussetzung für Kreativität? Und hier möchte ich etwas zitieren – auch nicht gerade mein liebstes Buch –: Sherry Turkle, *Die Wunschmaschine*. Sie erzählt darin von einem Kind. Es geht darum, daß der Computer etwas Unerwartetes tut. Mal reagiert er auf die eine Weise, mal auf die andere. Da sagen die Kinder, die mit ihm spielen: Der Computer betrügt uns. Darauf erwidert ein anderes Kind: Um zu betrügen, muß der Computer wissen, daß er betrügt. Daraus mache ich: Um kreativ zu sein, muß das kreative Instrument, z.B. der Mensch oder der Computer, wissen, daß er kreativ ist. Ich weiß nicht, ob ich das bis zum letzten Ende verteidigen kann oder nicht, jedenfalls scheint mir das plausibel zu sein. Sind wir dabei, einen neuen Menschen herzustellen? Und wenn ich das sage »ein neuer Mensch«, denke ich an die Hoffnungen, die erweckt wurden in der Russischen Revolution. Die Hoffnung war, daß der Kommunismus einen neuen Menschen hervorbringt, natürlich einen besseren Menschen.

Ich will jetzt zurückkommen zu der Frage: Kann der Computer verstehen? Wenn die Antwort darauf »nein« wäre – und im großen und ganzen glaube ich, sie ist nein –, dann sind viele Arbeiten zu diesem Thema hoffnungslos, oder jedenfalls so beschränkt, daß die große Euphorie, mit der sie oft vorgetragen werden, nicht angebracht ist. Kann der Computer verstehen? Man könnte auch fragen: Kann der Mensch verstehen? Und da würde ich weiter fragen: Kann der Mensch absolut verstehen? Kann ein einzelner Mensch einen anderen vollkommen verstehen? Auch hier ist die Antwort: Nein, das können wir nicht. Ich will ein paar Beispiele geben. Es gab mal ein Quartett in der Musikwelt, das gleiche werden wir nie wieder sehen. Das waren Rubinstein, Piatigorsky, Haifez und Primrose – die älteren Menschen unter uns werden sich vielleicht an die vier Helden der Musik erinnern –, und sie spielten in der New Yorker Carnegie Hall. Und der Rubinstein hatte, wie es ihm so oft passierte, den Faden verloren. Da flüsterte er zu Piatigorsky: »Wo sind wir?« Und Piatigorsky antwortete: »In der Carnegie Hall in New York.«

Noch ein Beispiel, das die meisten von Ihnen nicht verstehen werden, obwohl es ganz einfache Worte sind und ich ein ganz einfaches Erlebnis beschreibe, das ich tatsächlich gehabt habe. Trotzdem werden es die meisten von Ihnen nicht verstehen. Manche ja, aber nicht alle. Ich war in New York, in Manhattan. Auf der Straße, so um drei Uhr nachmittags, sehr viele Menschen, sehr viele Autos. Ich stehe an einer Ampel und warte, daß die Ampel grün wird, damit ich rübergehen kann. Und da steht ein Mann neben mir und fragt mich auf englisch: »Sind Sie Jude?« Ich antworte: »Ja.« Da fragt er weiter: »Wie spät ist es?« Ende. Das ist die ganze Geschichte. Wie soll man das verstehen? Ich würde sagen, die meisten unter Ihnen haben das nicht verstanden. Vielleicht würden Sie lachen, wenn es erklärt wird, aber es kann nicht erklärt werden. Man muß eben eine Lebensgeschichte haben, die dazu führt, daß das verstanden werden kann.

Ich spreche hier vom Verstehen der natürlichen Sprache, und ich glaube, das ist das Maß, wie weit wir kommen können. Der Computer kann z.B. verstehen, wenn ich sage: »Ich möchte das da haben.« Wir haben gesehen, daß es Geräte gibt, die darauf entsprechend reagieren können, aber das ist nur in einem äußerst beschränkten Kontext möglich. Jetzt kommt die Frage: »Ist die maschinelle Übersetzung von natürlichen Sprachen umfassend möglich?« Und die Antwort ist einfach: »Nein, sie ist nicht möglich.« Man kann auch das Wort »maschinell« weglassen. Also: Ist die Übersetzung von einer Sprache in eine andere umfassend möglich? Und die Antwort ist wieder: »Nein.« Ein Japaner, der ein Buch von mir übersetzt hatte, sagte mir einmal: »Ihr Autoren habt es sehr leicht. Ihr schreibt, was immer euch einfällt. Aber ich als Übersetzer muß versuchen, es zu verstehen.« Und es stimmt, man kann nicht übersetzen, ohne zuerst zu verstehen. Das war der große Fehler, als vor etwa 25 Jahren Leute an der Harvard Universität hart daran gearbeitet haben, Englisch ins Russische zu übersetzen und umgekehrt. Der Computer sollte diese Arbeit erledigen. Sie dachten, da nimmt er ein englisches Wörterbuch und ein russisches Wörterbuch und übersetzt. Ersetzt Wort für Wort, und dann muß man ein bißchen rumspielen, damit man die Syntax richtig hinkriegt. Das ist natürlich nicht gelungen. Es fehlte die Grundvoraussetzung, das Verstehen.

Warum kann der Computer so wenig verstehen? Weil der Computer keine semantische Beziehung zu den Dingen in der Welt hat. Im Computer ist alles abstrakt, die Bits oder die Elektronen rasen herum, und was sie bedeuten, kann der Computer nicht wissen, er kümmert sich nicht darum. Das ist schon zuviel gesagt, »er kümmert sich nicht darum«. Er kann sich gar nicht »kümmern«.

Mir fällt dazu eine kleine Geschichte ein. Nehmen wir an, ein leistungsfähiger kleiner Computer, ein PC, der vielleicht mit Sonnenenergie oder Batterien funktioniert, wird von irgendeinem Ort in Nevada an einen anderen Ort nach Arizona gebracht. Unterwegs fällt er von einem Lastwagen runter. Mitten in der Wüste liegt er da. Etwas später kommen Wesen aus dem Weltall gerade an diese Stelle und finden diesen Computer. Es stellt sich heraus, daß diese Wesen wirklich hervorragende Elektroingenieure sind, mit Instrumenten bestens ausgerüstet. Sie wollen wissen: Was ist das überhaupt für ein Ding? Und sie fangen an zu messen, und sie sind sehr, sehr vorsichtig, um nichts zu zerstören und sogar – obwohl das nicht ganz möglich ist – um die Abläufe innerhalb des PCs nicht zu stören. Nach einer gewissen Zeit kennen sie den Zustand des Computers, ich meine das jetzt technisch, »the state of the computer«, zu einer bestimmten Nanosekunde. Und da sie sehr klug sind, haben sie die Zustandsveränderungsregeln auch erfaßt, so daß sie jetzt alles wissen, was man überhaupt über den Computer wissen kann. Jetzt kann man ganz genau vorhersagen, was dieser Computer in den nächsten Millionen Jahren rechnen wird. (Das ist auch nicht ganz richtig, aber es genügt für diesen Zweck.) Jetzt wissen sie alles über den Computer. Sie wissen, wie in der nächsten Nanosekunde und wie in zehn Minuten der Zustand des Computers sein wird. Jetzt kommt die Frage: Wissen Sie, was der Computer macht? Wir wissen, weil ich es jetzt Ihnen verrate, daß der Computer gerade eine Wettervorhersage ausrechnet. Könnten die Wesen da – oder könnte ein Mensch – das herausfinden? Obwohl sie jetzt alles wissen, was es über den Computer zu wissen gibt, könnten sie es im Prinzip nicht.

Ich möchte auch etwas dazu sagen, an welchen Problemen man in der Naturwissenschaft arbeitet. Es ist völlig klar, daß wir unendlich viele Fragen an die Natur stellen könnten, aber tatsächlich haben wir, da wir sterben, nur endliche Zeit. Deshalb müssen wir die Fragen, die wir der Natur stellen, sorgfältig auswählen. Es ist eine Auswahl, und die ist mit Werten verbunden. Es ist kein Zufall, daß Wissenschaftler zu dieser oder jener Problematik gekommen sind. Nein, sie haben sie sich ausgewählt. Ich kenne alle diese Leute und muß sagen, im üblichen Sinn sind sie nette Menschen: Sie haben Kinder, und sie sind so gut zu ihren Kindern, wie alle anderen Menschen. Manchmal gut, manchmal weniger gut. Sie sind keine Teufelsfiguren oder so etwas. Aber wie kommen sie dazu, sich gerade mit diesen Themen zu beschäftigen und ihre Forschung gerade in diese eine bestimmte Richtung zu treiben? Ich muß sagen, ich kann diese Frage nicht beantworten, und ich hoffe, daß sich Studenten an den Universitäten das als Aufgabe stellen, nämlich zu analysieren, wer diese Leute sind und was sie gemein haben.

Eines ist klar: es sind Männer. Es sind keine Frauen dabei. Und das nicht, weil es zu wenig Frauen im Computerwesen gibt – es gibt sehr viele Frauen im Computerwesen. Oder weil es zu wenige Frauen im Bereich Computerwissenschaft an den Universitäten in Amerika gibt. Das stimmt auch nicht. Wir haben zwei, drei Professorinnen im Computerbereich am MIT. Es stimmt auch nicht, daß Frauen überhaupt nicht im Gebiet KI arbeiten, aber sie arbeiten ganz anders, nicht in diese Richtung, und das ist bemerkenswert. Ich möchte dazu sagen, daß ich mich schon sehr lange mit dem zwanghaften Programmieren auseinandergesetzt habe. Es gibt zwanghafte Programmierer in der ganzen Welt, überall. In der Sowjetunion, in China, in Südamerika, in USA, in Kanada, überall. Auch hier in Europa. Und das Komische dabei ist, daß es alles Männer sind. Es gibt keine Frauen, die zwanghafte Programmiererinnen sind. Es gibt keine. Ich habe lange gesucht in den letzten 20 Jahren, in der ganzen Welt. Manchmal sagt mir jemand: »Oh doch, es gibt sie.« Wenn ich dann frage: »Ja, wer denn?« lautet die Antwort meistens: »Na, ich kenne sie nicht, aber ein Freund hat gesagt, er kenne jemand usw.« Man kann sie aber nicht finden. Das muß einen Grund haben. Ob es da eine Verbindung gibt zwischen zwanghafter Programmierung und diesem Trieb, Gott zu werden? Ich weiß es nicht, obwohl ich immer wieder durch Äußerungen dazu gebracht werde, noch mehr als bisher zu glauben, daß es so eine Verbindung gibt.

Wenn wir uns die Leute, die in diese Richtung arbeiten, genauer ansehen, entdecken wir eine Verachtung gegenüber dem biologischen Leben, und später werden wir sehen, daß es eine Verachtung des Lebens überhaupt ist. Es ist schon lange, lange her, da hat Minsky, einer der Gründer des ganzen Faches, gesagt: »The brain is merely a meat machine.« Das kann man nicht ganz genau ins Deutsche übersetzen. Ein Versuch könnte lauten: »Das Gehirn ist bloß eine Fleischmaschine.« Aber in dieser Übersetzung fehlt etwas. Im Englischen gibt es zwei Worte für Fleisch: *flesh* und *meat*. »Flesh« ist lebendiges Fleisch. Aber »meat« ist totes Fleisch, das gebraten werden kann, das gegessen werden kann, das weggeschmissen werden kann. So ausdrücklich zu sagen: »The brain is ...«, und dann das Wort »merely«, also »bloß«, nichts anderes als »a meat machine«, das zeigt schon in der Frühzeit der Künstlichen

Intelligenz die Tendenz der Verachtung des Lebens. Das geht soweit, daß der Mensch als eine Fehlentwicklung der Natur oder des Gottes angesehen wird, der, wie gesagt, ein mittelmäßiger Ingenieur ist.

Das Stichwort Gott als Architekt, Gott als Ingenieur taucht oft in der Diskussion auf. Mein Kollege Minsky verwendet auch solche Begrifflichkeiten, aber was er sagt, ist: Leider war Gott nur ein mittelmäßiger Ingenieur, und jetzt können wir das viel besser. Der Mensch hat z.B. viele Fehler: Er ist schwach, er wird krank, und es dauert lange, bis er intelligent ist usw. Und dann, wenn es schließlich in einigen wenigen Fällen gelungen ist – meistens gelingt es überhaupt nicht –, einen richtig »guten« Menschen mit hoher Intelligenz natürlich, sozusagen »herzustellen«, dann stirbt der, und es geht alles verloren. Das ist eine Fehlentwicklung der Evolution oder vielleicht ein Fehler des Architekten und Ingenieurs Gott. Wir können das heute viel besser. Diese Haltung ist sehr weit verbreitet. Douglas Hofstadter, den sicherlich viele von Ihnen kennen oder zumindest sein Buch *Gödel, Escher, Bach*, hat mal in meiner Anwesenheit auf einer öffentlichen Veranstaltung auf die Frage, ob er daran denke, daß seine Arbeit Konsequenzen haben könnte und für die Menschen vielleicht gefährlich werden könnte, geantwortet: Erstens, er kümmere sich nicht darum und zweitens, die menschliche Rasse sei nicht das Wichtigste im Universum. Das widerspiegelt sich im Buch *Mind Children*. Wenn man sich jetzt diesen Satz »Die menschliche Rasse ist nicht das Wichtigste im Universum« etwas genauer betrachtet, dann muß man daraus schließen, daß etwas anderes wichtiger ist. Wenn man jetzt das Unwichtige, also die menschliche Rasse wegdenkt, dann könnte man fragen: Ja, wem ist das Andere wichtiger? In Amerika haben wir heute einen der vielleicht wichtigsten Philosophen, Daniel Dennett an der Tufts University, der sagt:

»Wir müssen unsere Ehrfurcht gegenüber dem Leben

loswerden, um weitere Fortschritte in der Künstlichen Intelligenz machen zu können.« Nicht irgendwer, ein anerkannter Professor vertritt und lehrt eine solche These an seiner Universität, und ich war, glaube ich, der einzige, der ein Wort des Protestes dazu geäußert hat. Niemand sonst hat dagegen protestiert. Vielleicht hat das mit Amerika zu tun.

Noch etwas über die Roboter. Ich habe gesagt, Maschinen können nicht verstehen, weil sie keine aktuelle Verbindung mit der Welt haben, mit den Dingen in der Welt keine semantische Verbindung haben. Aber das könnte korrigiert werden, indem man Roboter herstellt, die sich bewegen können und die das gesamte Instrumentarium haben, das wir hier gesehen haben. Roboter, die spüren, tasten, sehen, hören können usw. Und wenn man die auf die Welt losläßt, etwa vier oder fünf in einem Raum zusammenbringt, dann fangen sie an, eine Geschichte zu haben. Und diese Geschichte und das Experiment und diese Veränderung sind dann nicht programmiert. Die Möglichkeiten sind programmiert, nicht aber die Veränderung selbst. Die »Erlebnisse«, die so ein Roboter haben kann, die sind nicht programmiert. Ich würde soweit gehen zu sagen, wir können hier von einem Selbstbewußtsein sprechen. Dann haben diese Roboter semantische Verbindungen zu Dingen in der Welt, in ihrer Welt. Dann haben sie eine Geschichte, ihre Geschichte.

Kann man jetzt noch bestreiten, daß der Computer verstehen kann? Das Argument wäre ganz einfach. Denn jetzt hat auch der Computer eine Geschichte. Wir sind alle das Ergebnis unserer Geschichte. Alle Wesen sind Ergebnisse ihrer Geschichte – nicht nur, aber auch das. Aber wir können einander nicht absolut verstehen, weil wir ja alle eine andere Geschichte haben. Jeder Mensch ist ein Sonderfall, jede menschliche Geschichte ist ein Sonderfall. Aber wir können uns verstehen, weil wir einen gewissen Teil unserer Geschichte miteinander teilen müssen. Ich spreche jetzt auch von den Aborigenes in Australien oder von Menschen, die vor 3000 Jahren gelebt haben. Jedenfalls wurden sie alle von einer Mutter geboren, jedenfalls hatten sie alle die Aufgabe, sich von ihrer Mutter zu trennen, und ich meine jetzt nicht nur körperlich, sondern auch geistig. Keine einfache Aufgabe. Und sie haben alle auch biologische Bedürfnisse, die für alle Menschen gleich sind. So beginnt unsere gemeinsame Geschichte. Wenn wir dann sozialisiert werden, werden wir sozialisiert als Deutsche, als Amerikaner usw. Und dann fangen wir an, anders zu werden. Aber wir leben doch meistens in einer Welt. Das kann in Cambridge, Massachusetts, oder in Hamburg sein. Wir haben immer Erfahrungen, die uns verbinden. Aber nicht absolut. Die Geschichten von Menschen des Abendlandes, ob jetzt aus Amerika oder aus Deutschland, gleichen einander viel mehr als die eines Amerikaners und die eines Japaners. Ihre Sozialisierung ist einfach anders verlaufen. Es gibt Bereiche, wo wir uns nicht verständigen können. Das bedeutet nicht, daß der Japaner mir nicht sagen kann, was ihm schwerfällt oder mir irgend etwas über sein Leben oder das seiner Kinder erzählen kann. Es ist auch nicht so, daß ich zu wenig verstehe, um vernünftig antworten zu können. Das kann ich. Aber ich kann z.B. nicht entscheiden, ob es richtig wäre, daß seine Tochter auf die Universität gehen soll oder nicht. Oder ob diese Universität oder eine andere zu empfehlen sei. Das kann ich nicht, weil ich eben nicht als Japaner sozialisiert bin. Ich kann seine Probleme im eigentlichen Sinn nicht verstehen. Ich höre zu, ich kann – im Sinne von Sprachverständnis auf einer bestimmten Ebene – verstehen, aber ich sollte nicht eingreifen. Und ich glaube, genauso verhält es sich mit dem Computer. Der Computer, natürlich auch der sich bewegende Roboter, haben eben eine völlig andere Erfahrung und Geschichte als wir Menschen. Vielleicht könnte ein Roboter oder ein Computer unsere Sätze in einem einfachen sprachlichen Sinn auseinandernehmen, aber er könnte sie nicht richtig interpretieren, weil er nicht unsere Sozialisation und Lebenserfahrung hat.

Zum Schluß: Ich glaube, es ist wichtig zu sagen, daß der Tod eine wichtige Rolle in der Entwicklung der menschlichen Kultur spielt. Der Tod ist notwendig – nicht nur ein Fehler, den Gott leider gemacht hat. Da wir sterben müssen, müssen wir unsere Kultur immer wieder der neuen Generation übergeben. Meine Kollegen sehen hier die Schwierigkeiten, die mit der Übergabe einer Riesenmenge von Informationen verbunden sind. Und sie meinen, daß eine genaue Kopie des *Infosets* die beste Lösung sei. Ich meine aber, daß die nächste Generation die Aufgabe hat, das überlieferte Wissen und die Erfahrungen aufzunehmen und wiederherzustellen: *to recreate*. Das kann sie nicht durch eine Übernahme *bit by bit* erreichen. Und weil diese nächste Generation eine andere Lebensgeschichte hat als ihre Eltern, wird die Wiederherstellung mehr als nur die bloße Kopie des übernommenen Wissens und der übernommenen Erfahrungen sein. So entwickelt sich Kultur und nicht einfach durch das Kopieren von Informationen.

5. Der Golem, der Computer und die Naturwissenschaften

Norbert Wiener hat vor langer Zeit ein Buch geschrieben: *God and Golem Inc.*, also »Gott und Golem GmbH«. Norbert Wiener, der inzwischen gestorben ist, ist ein ehemaliger Kollege, der, wie man sagen könnte, der Erfinder der Kybernetik ist. Er hat das Wort Kybernetik sozusagen in die Sprache eingeführt und hat schon sehr früh einen Zusammenhang zwischen der Technik und dem Bösen in der Welt gesehen. Er hat auch den Computer erkannt als ein Instrument, das uns wahrscheinlich irgendwann beherrschen wird. Norbert Wiener hat – ich glaube, es war 1946 oder 1947 – einen Brief veröffentlicht, den er an einen Kollegen geschickt hat, der ihn gebeten hatte, ihm eine seiner Arbeiten zu schicken. In diesem Brief sagt er deutlich, das macht er nicht mehr. Er macht seine Arbeit, aber er wird sie nicht weitergeben, weil er ganz genau weiß, daß seine Arbeiten aus den Gebieten Kybernetik und Mathematik zu dem Zweck benutzt werden, letztendlich Raketen herzustellen, die von einem Kontinent zum anderen geschossen werden können. Das war 1946 oder 1947. Ich erzähle diese Geschichte, um einfach zu zeigen, wie früh Norbert Wiener die Verknüpfung von Wissenschaft und Militär gesehen hat. Norbert Wiener, der in Harvard studierte, hat schon als sehr junger Mann im MIT angefangen zu lehren und natürlich gewußt, daß das MIT schon damals sehr eng mit dem amerikanischen Militär verbunden war.

Gott und Golem Inc. – es ist schon lange her, daß dieses Buch erschienen ist. Jetzt möchte ich etwas dazu sagen. Zuerst einmal: Solche Mythen wie der Golem-Mythos tauchen immer wieder auf, sie sind schon uralt. Z.B. zeigen sie sich in der griechischen Tradition, in der altgriechischen Literatur, ich denke hier ganz besonders an Pygmalion. Er hat die Statue einer sehr schönen Frau hergestellt und ihr dann schließlich Atem eingehaucht, so daß sie lebendig wird. Dann hat er sich in diese Frau verliebt, wie die Geschichte erzählt. Wir kennen auch andere solcher Beispiele, der Golem gehört dazu, auch Frankenstein, und heute denkt man, glaube ich, wenn man von solchen Dingen spricht, an den Roboter. Wir Menschen stellen uns heute so etwas vor, und vielleicht ist das unser Golem. Ich denke auch an den Computer, der einfach auf einem Tisch steht wie der PC und sich überhaupt nicht bewegt, aber trotzdem sehen wir ihn manchmal als einen Golem. Denken Sie nur an die sogenannten Expertensysteme. Ich habe erlebt, daß der *Mephisto*-Computer, der Schach spielt, auch in einem gewissen Sinn als ein gefährliches Instrument betrachtet wird. Das sehe ich nicht so, muß ich sagen, aber das ist eine ganz andere Sache. Vielleicht sollte ich auch dazu sagen, daß das Schachspiel im Bereich »Künstliche Intelligenz«, wie dieser Bereich jetzt genannt wird, eine ganz besondere Rolle spielt. Man wußte schon sehr lange, daß das Schachspiel intellektuelle Fähigkeiten mit einbezieht. Wenn wir nun einen Computer dazu bringen können, den nächsten Zug im Schachspiel zu machen, also wirklich Schach zu »spielen« und schließlich vielleicht sogar zu gewinnen, dann müssen wir ja sehr viele psychologische Probleme und vielleicht auch verschiedene Funktionen des Gehirns nachgemacht haben. Das wäre also ein gutes Maß dafür, wie weit wir gekommen sind. Es stellt sich jedoch heraus, daß das gar nicht der Fall ist – das ist keine Kritik an der Künstlichen Intelligenz. Es bedeutet einfach, daß Computer so viel schneller und so viel größer wurden in ihren Funktionen und in ihrer Speicherkapazität, daß das Schachspielen, das heute Computer wie *Mephisto* machen, einfach auf diese *raw power*, also »reine Macht« zurückzuführen ist und sehr wenig mit dem zu tun hat, was in unserem Gehirn vorgeht, wenn wir selbst Schach spielen.

Die Sagen und Mythen, von denen ich eben gesprochen habe, möchte ich noch ergänzen durch das Beispiel *King Kong*. Figuren wie *King Kong* oder auch *Tarzan* – es sind amerikanische Phänomene, aber auch hier bekannt – verkörpern Vorstellungen, die »primitiven Menschen«, Halbmenschen oder Affenmenschen sozusagen magische Kräfte unterstellen. Ich glaube, es ist allgemein präsent im Bewußtsein, oder zumindest ist es ein Märchen oder ein Aberglaube, daß solche »primitiven Menschen« besondere sexuelle Mächte haben. Das wird dann übertragen – in Amerika jedenfalls – auf die Farbigen. Dabei fällt mir eine andere Zuschreibung dieser Art ein: Joseph Goebbels hat von der »überspitzten Intellektualität der Juden« gesprochen, als die Bücherverbrennung stattfand.

Dazwischen gibt es Verbindungen – einige Verbindungen, die sehr, sehr alt sind, und manche, die viel neuer und moderner sind, aber ich möchte jetzt die ganz alten herausheben, die etwas mit der Entwicklung unserer Kultur, vielleicht unserer Menschheit überhaupt zu tun zu haben scheinen. Es ist eben der Fall, daß sich viele der prophetischen Träume, die die Menschheit so lange schon gehabt hat und die ganz besonders in den griechischen Mythen wahrgenommen und aufgehoben wurden, jetzt erfüllt haben oder daß wir sehr nah dabei sind, sie zu erfüllen. Jedenfalls glauben wir das.

Ich glaube z. B. an Prometheus, der das Feuer von den Göttern gestohlen hat und dafür sehr streng bestraft wurde. Ich sehe da eine Analogie zu dem Geheimnis der Atomkraft. Jetzt wissen wir, wie die ganze Welt in Brand zu setzen ist, jetzt haben wir sozusagen den Göttern das Feuer gestohlen.

Ikarus wurde das Fliegen beigebracht, er ist ins Weltall geflogen und dann der Sonne zu nah gekommen. Seine Flügel sind abgefallen, und dann ist er abgestürzt und gestorben. Wir haben heute *spaceflight*, wir fliegen im All herum, mehr oder weniger erfolgreich, wir haben also auch diesen Traum erfüllt, und ich glaube, viele andere mehr.

Die Bombe selbst entspricht vielleicht der Wut der Götter, von der wir so oft in den alten Mythen lesen. Wir sind auch dabei, den Versuch zu machen – und es kann sein, daß es uns gelingt, und wenn ich »uns« sage, meine ich einfach die Menschheit – künstliches Leben herzustellen, und das auf zwei ganz verschiedenen Wegen. Das eine ist mit Hilfe der Biologie, *genetic engineering* werde ich einfach auf englisch sagen, also, daß wir Gene zusammenstellen können, um ein künstliches Wesen herzustellen oder uns selbst so zu modifizieren, daß schließlich der Mensch heute einfach nicht mehr zu erkennen sein würde. Der zweite Weg liegt auf einer anderen Ebene, der Ingenieursebene. Da denke ich wieder an Dädalus, an seinen Versuch, künstliche Intelligenz herzustellen. Diese Ingenieurshaltung wird ganz explizit in den Aussagen von Professor Minsky, Hans Moravec und anderen führenden Leuten in diesem Gebiet sichtbar. Die »Fehler«, die der liebe Gott gemacht hat, indem er den Mensch in der uns bekannten Form hergestellt hat, sollen nicht wiederholt werden.

Der liebe Gott war dieser Ansicht nach nur ein mittelmäßiger Ingenieur und hat viele Fehler gemacht. Der Mensch insgesamt ist eine Fehlentwicklung, er wird z.B. krank, und es dauert so lange, ihm überhaupt Intelligenz beizubringen, und wenn er schließlich alt wird und vielleicht ein bißchen weise, dann muß er sterben, und die ganze Weisheit ist verschwunden. Das ist nach dieser Theorie kein guter Entwurf, und wir werden es eben viel besser machen können.

Das sind zwei Variationen des Golem-Traums: Wir versuchen, entweder Götter herzustellen oder sogar, Götter zu werden. Zumindest bauen wir Dinge, die wir dann anbeten können; ich erinnere mich hier an das Goldene Kalb. Es ist fast so – und ich weiß, das stört manche Leute, wenn ich das sage –, daß die Naturwissenschaft, die moderne Naturwissenschaft behauptet, das versprochene gelobte Land gesehen zu haben. Hier denke ich an den Spruch von Isaac Newton, der gesagt hat: »Wenn ich weit gesehen habe, ist es, weil ich auf den Schultern von Riesen stand.« Heute steht die Naturwissenschaft auf viel höheren Schultern, also, die Naturwissenschaft sieht die Welt vom Weltall aus und kann sehr weit sehen und, wie gesagt, verspricht vielleicht, daß wir dem gelobten Land ziemlich nahe sind.

Es wird oft gesagt, daß ganz besonders die Elektronik, wenn wir uns richtig verhalten in den nächsten wenigen Jahren, aus unserer Welt ein Paradies machen kann, das versprochene gelobte Land. Ich glaube sogar, daß die Naturwissenschaft sozusagen die moderne Religion geworden ist. Sie hat alle Merkmale einer Religion, z.B. eine Priesterklasse. Da gibt es höhere Priester und Kardinäle, vielleicht auch Päpste. Da gibt es große Kathedralen, wie die technischen Hochschulen der Welt, besonders meine eigene, Massachusetts Institute of Technology. Und was vielleicht noch wichtiger ist, die moderne Naturwissenschaft spricht zum großen Teil eine Geheimsprache, die die Allgemeinheit nicht verstehen kann, oder jedenfalls glaubt sie, sie nicht verstehen zu können, sicherlich mit Recht. Ich würde sagen, hier gibt es eine Analogie zu der Sprache der alten Kirchen, dem Lateinischen.

Ich erinnere mich an meine Kindheit, da gab es in Deutschland einen Zauberspruch, den die älteren Leute hier bestimmt noch kennen: »Hokus Pokus Fidibus«. Ich glaube, das war eine Nachahmung dessen, was der Priester sagt, so quasi Lateinisch, und natürlich hat es eine Zauberkraft.

Wir machen ungefähr dasselbe heute, vielleicht sollte ich sagen, *Sie* machen ungefähr dasselbe heute, natürlich ganz modern. Was ich dabei meine, ist, daß es Wörter gibt, die die Wissenschaft von der allgemeinen Sprache für bestimmte Zwecke adaptiert. Zunächst aufgrund ihrer ursprünglichen Bedeutung. Dann werden sie jedoch irgendwie verwandelt und kommen zurück in die Alltagssprache, aber mit völlig anderer Bedeutung oder sogar ohne jede Bedeutung.

Ich denke hier an ein Wort, das vor gar nicht langer Zeit diese Geschichte ereilt hat: Katastrophe. Es hatte seinen Platz und seine Bedeutung in der Alltagssprache. Dann gab es und gibt es immer noch in der Mathematik eine *catastrophy theory* – wie man es auf englisch sagt, also Katastrophentheorie. Die hat mit Katastrophen, wie wir sie in der Alltagssprache verstehen, also z.B. einem Schiffsuntergang, überhaupt nichts zu tun. Es handelt sich bei der Katastrophentheorie um eine technische Angelegenheit, die mit komplexen mathematischen Systemen zu tun hat. Auf einmal haben die Zeitungen, die Medien das aufgegriffen und damit vieles erklärt, was katastrophal war. Das ist Unsinn. Ähnlich ist es dem Wort »Chaos« ergangen. Man spricht davon im selben Sinn. Mir fällt jetzt auch die zugeschriebene Bedeutung der linken und rechten Gehirnhälfte ein. Alles das wird aufgegriffen, Katastrophe, Chaos, und ganz falsch benutzt.

Einer meiner jungen Kollegen an der Universität hat einen ganz besonderen Rechner hergestellt und die Zukunft unseres Sonnensystems bis zu vielen Milliarden Jahren simuliert. Das kann mit einem ganz einfachen Rechner nicht gemacht werden, es dauert einfach zu lange, aber mit diesem ganz besonderen Rechner, der nichts anderes machen kann, hat er das ausgerechnet und dann entschieden, daß unser Planetensystem chaotisch ist, aber natürlich in diesem streng mathematischen Sinn. Das hat, vereinfacht gesagt, alles damit zu tun, daß ganz kleine Änderungen am Anfang große Effekte am Ende haben können – wieder mal in einem ganz mathematischen Sinn. Dann steht wenige Tage oder Wochen später in der Zeitung: MIT-Professor beweist, daß unser Sonnensystem chaotisch ist. Das wird doch dann ganz anders verstanden. Ich hoffe sehr, daß das Wort »Chaos« in diesem Sinn aus der Alltagssprache verschwinden wird.

Die zwei Wege, Menschen künstlich zu schaffen, von denen ich gesprochen habe, kommen zusammen, indem behauptet wird, daß es bald möglich sein wird, einen ganz kleinen Computer auf einem einzigen Chip ins Gehirn einzupflanzen. Man stellt sich nun vor, daß dieser Computer z. B. ein Fremdwörterlexikon hat. Wenn mir jetzt, wie mir das oft passiert, ein Wort fehlt – ich weiß es auf englisch, aber es fällt mir nicht auf deutsch ein –, dann brauche ich nur daran zu denken, dieser eingebaute Computer startet, und dann ist das Wort da, fast sofort. Oder Lösungen von Differentialgleichungen oder einfach etwas, das die Speicherfähigkeit unseres Gehirns vergrößern kann. Das betrifft die eine Seite.

Die andere Seite ist jetzt so weit, daß wir – jetzt fehlt mir ein Wort auf deutsch, ich werde es auf englisch sagen – *proposals* haben, Teile von einem lebenden Tier herauszunehmen und sie mit einem Computer zu verknüpfen. Sagen wir z. B. – und das ist ein echtes Beispiel –, die ganze Sehmaschinerie einer Katze, also die Augen und der entsprechende Teil des Gehirns, werden in einen Computer eingebaut, um dem Computer eben solch ein Sehen beizubringen.

In unserer Mythologie – ich meine die heutige, die man im Fernsehen sieht, und da meine ich nichts Böses dabei – gibt es Hinweise auf diesen Forschungsstand. In der Fernsehserie *The Million Dollar Man* ist der Hauptdarsteller ein Mensch, der wahrscheinlich einen Unfall hatte. Seine Beine und Arme sind jetzt durch künstliche Beine ersetzt, und er besteht überhaupt aus vielen Computern und Maschinenteilen. Man kann sehen, wie allmählich immer mehr Maschinenteile dazukommen. Ich halte diese Phantasien für sehr, sehr wichtig: immer mehr Maschinenteile, und schließlich weiß man nicht mehr: Ist es eine Maschine, die menschliche Teile hat, oder ein Mensch, der Maschinenteile hat. Da kommen die beiden Versuche, künstliches Leben herzustellen, ein wenig zusammen. Aber ich muß sagen, daß wir Computerleute doch eine größere Hybris in dieser Beziehung als die Biologen haben. Die Beispiele, Professor Minsky und Professor Moravec, habe ich schon genannt. Ganz besonders Professor Moravec kommt zu dem Schluß, daß wir ziemlich bald eine, wie er sagt, postbiologische Zeit in dieser Welt haben, in der die DNA und überhaupt die Organe keine Rolle mehr spielen. Moravec vertritt die These, daß der liebe Gott ein mittelmäßiger Ingenieur war, der sehr viele Fehler gemacht hat, daß der Mensch ein Mißerfolg ist und daß wir es »much better«, viel besser können. Hier stellt sich für mich die Frage: Wer sind wir, die es viel besser können? Es stellt sich heraus, daß die Leute in der amerikanischen Universität – ich denke auch Studenten, also nicht nur die Dozenten, sofern ich weiß, alle, die daran arbeiten – Männer sind. Es sind keine Frauen dabei. Ich kann mir nicht helfen, anders zu denken, als daß das, was wir hier haben, die Kehrseite des Ödipus-Mythos ist. Ich denke, diese Männer haben eine Art Gebärmutterneid, das heißt sie sehen, daß die Frauen Leben in dieser Welt schaffen können, und vielleicht denken sie, das ist das einzige, das wir Männer nicht schaffen können. Aber wir können es doch! Auf diesem Weg, den ich eben beschrieben habe, und nicht nur das, wir können es viel besser. Die Wesen, die wir herstellen, werden nie krank, müssen nie sterben, sind sofort klug, brauchen nicht erst einmal erzogen zu werden. Ich möchte betonen, daß diese Beobachtung im Rahmen Golem, Computer, Mann und Frau zu verstehen ist.

Meine nächste Beobachtung hat mit der Erotik zu tun. Ich weiß nicht, wie viele von Ihnen den Film *Der Golem* gesehen haben, der vor wenigen Abenden am Marktplatz gezeigt wurde. Es ist ein berühmter Film. Es gibt darin eine Szene, die ich besonders betonen möchte: Da ist der Golem, diese große Figur, eine Männerfigur, ziemlich steif, und in einem bestimmten Moment liegt da eine Frau, die Tochter des Rabbiners, er hat sie irgendwo hingebracht, sie ist ohnmächtig, er beugt sich über sie, und er will sie küssen. Aber es geht nicht so weit. Er kommt nicht dazu. Ich habe vergessen, was da genau passiert, aber er kommt nicht dazu. Das betont eine gewisse Erotik, die immer mit diesen Phantasien, mit diesen Märchen und Mythen verbunden ist. Ich denke jetzt z. B. an *King Kong*, an diesen berühmte Film aus den zwanziger Jahren. Es gibt eine Szene in dem Film, da hat dieser große Gorilla – ich meine von der Größe eines Hauses oder noch größer – in seiner Hand eine Frau, ein Mädchen, und mit ihr klettert er auf das *Empire State Building*. Sie schreit, und dann wird sie ohnmächtig. Das ist eine Szene, die der in dem Golem-Film entspricht. Wir finden auch dasselbe in der Frankenstein-Geschichte, und dann gibt es einen Film, den Sie vielleicht nicht kennen, einen amerikanischen Film, der heißt *Westworld*. Er spielt in Arizona oder Nevada, jedenfalls im Westen Amerikas. Es gibt dort ein Feriencamp, in dem man für zwei oder drei Wochen wie im Mittelalter oder wie in einem Western im Film leben kann. Leute kämpfen miteinander, erschießen einander und alles das. Jedenfalls sind die Menschen, die man in Westworld, also im Wilden Westen trifft, Cowboys. Sie sind natürlich bewaffnet, man selbst ist auch bewaffnet. Sie stoßen einen an in der Kneipe, das ist natürlich eine Beleidigung, und dann muß man sie auffordern zu einer Schießerei. Aber die Menschen, die man da trifft, sind alle Roboter. Sie sehen ganz genauso wie Menschen aus, man kann den Unterschied überhaupt nicht merken, sie sehen ganz genauso aus, aber sie sind Roboter, und sie sind so programmiert, daß eben der echte Mensch, der als Besucher zum Spaß da ist, die Schlachten jedesmal gewinnt. In der Welt des Mittelalters kommen Frauen vor, die sehen ganz genauso aus wie menschliche Frauen. Kommt es später zu einem Konflikt, da weiß man nicht, ob diese bestimmte Frau Mensch ist oder Roboter. Natürlich liegt der Grund, in dieser Welt zwei Wochen zu wohnen, auch darin, daß man mit diesen Frauen alles machen kann. Sie sind ja gar keine richtigen Menschen, sie sehen nur so aus, vielleicht fühlen sie auch so, aber man kann mit diesen Frauen, wie gesagt, alles machen.

Ich glaube, hinter all diesen Phantasien liegt eine andere Phantasie, die mit der Erlaubnis zu tun hat, alles machen zu können, ganz besonders auch sexuell, mit diesen Wesen, die eben keine echten Menschen sind. Darin sehe ich wieder einmal – ich habe schon davon gesprochen – einen Rassismus.

Der heutige Golem, so wie ich das sehe, ist keine Puppe, kein Wesen, das so wie ein Mensch aussieht, er ist fast immer ein Mann, eine Maschine. Um das sagen zu können, müssen wir den Begriff Maschine ein bißchen erweitern, bis dieser Begriff auch gesellschaftliche Ordnungen und solche Dinge beinhaltet. Die Angst vor dieser Maschine, das Unbehagen, das so viele Menschen quält, vielleicht mit Recht, stammt von der Furcht oder – sollte ich sagen – der Einsicht, daß die Maschine außer Kontrolle gerät oder geraten kann, daß wir also das Phänomen des Zauberlehrlings immer wieder herstellen. Also, erst macht die Maschine das, was wir denken, was sie machen sollte, aber dann gerät sie außer Kontrolle. Das Schlimme daran ist – und da beginnt in all diesen Beispielen, die ich gegeben habe, der Alptraum –, daß man dann die Maschine nicht mehr abschalten kann. In dem Film *Der Golem* gibt es diesen – man könnte fast modern sagen – Schalter. Einmal schaltet ihn der Rabbiner ab, und der Golem wird ohnmächtig, aber dann hat der Golem daraus gelernt, und jetzt schützt er diesen Knopf, diesen Schalter. Es ist interessant, daß ein ganz kleines Mädchen – ich weiß nicht, vier, fünf Jahre alt – ihn sozusagen ablenkt, und sie kann ihn dann abschalten.

Aber wir haben Angst, daß wir die Maschine nicht mehr abschalten können. Dazu möchte ich ein sehr ernstes Beispiel geben: Eine solche Maschine, die mit gesellschaftlicher Ordnung zu tun hat, ist das Börsensystem. Obwohl Computer dabei eine Rolle spielen, ist es nicht ein Computer, der kaputtgegangen ist, sondern das ganze System. Ich denke hier an den Börsenkrach an der New Yorker Börse im Oktober 1987. Wie ist das geschehen? Es ist interessant: Ich habe vor kurzem mit jemandem darüber gesprochen, und er hat gesagt, daß es ein Computerfehler gewesen sein muß. Da habe ich sofort gesagt: »Nein, alles funktionierte glänzend, es waren keine Computerfehler, letztendlich überhaupt keine Fehler, aber trotzdem gab es diese Katastrophe.« Ich glaube, wenige Menschen ahnen, wie nah wir damals einer großen Katastrophe gekommen sind. Ich meine es ganz ernst, wie nah wir damals dem Umbruch der gesamten Finanzordnung in der ganzen Welt, auf der ganzen Erde gekommen sind. Es war eine sehr, sehr nahe Sache. Ja, und wie ist das gekommen? Zunächst einmal gab es eine Zeit, in der die Leute angefangen haben, PCs zu haben, kleine Computer auf ihrem Schreibtisch, und verschiedene Börsenmakler haben sich solche Computer angeschafft. Mit einer Kabelverbindung kann man die Daten von der Wall-Street-Börse zum Computer liefern, blitzschnell, wie man sagt, und dann kann man mit diesen Daten rechnen. Verschiedene Leute haben verschiedene Programme geschrieben, die ich jetzt nicht näher beschreiben werde. Jedenfalls sind es Programme, die Daten analysieren und dann einen Befehl zur Börse ausschicken, soundsoviele Aktien von dieser oder jener Gesellschaft für soundsoviel zu kaufen oder zu verkaufen. So ungefähr war das, und es ist alles so berechnet, daß es garantiert ist, daß man Profit macht, wenn man das ganz schnell durchführt. Also, man kann nicht verlieren, das hat alles mit Sekunden zu tun. Einer hat damit begonnen, sich einen so programmierten PC auf den Schreibtisch zu stellen, und hat auf diese Weise Geld verdient. Dann hat es ein anderer gemacht und dann wieder ein anderer, und dann gab es sehr viele dieser Computer, besonders in New York. Es ist jetzt zu betonen, daß diese Computer nicht vernetzt waren im üblichen Sinn, das heißt es gab kein Kabel und keine Telefonleitung, die diese Computer alle verbunden hat, es waren einfach selbständige Computer. Aber da war doch eine Verbindung! Die Verbindung bestand durch den Markt selbst. Das heißt, wenn ein Computer den Befehl gibt, sagen wir, hunderttausend Aktien von General Motors zu kaufen, dann spürt das der Markt, und das spüren dann die anderen Maklercomputer, und die unternehmen dann etwas. Das Ganze ist – und das ist das Wichtige, was man begreifen muß –, das Ganze, diese ganze Menge von Computern, ist ein System. Die Teile sind miteinander verbunden und bilden ein System, das man mit Systemtheorie analysieren kann. Und wenn man das analysiert, dann sieht man, daß es ein System ist, das im Prinzip nicht stabil ist, das heißt, es kann umkippen. Ein stabiles System kann ein bißchen kippen, und dann kommt es wieder zurück, sagen wir z.B. ein Segelboot mit einem schweren Schwert. Es kippt ein bißchen, und dann kommt es wieder zurück, es kommt immer wieder zurück. Aber ein unstabiles System wie dieses, von dem ich spreche, kann einfach umkippen, und genau das ist damals geschehen. Ich kann natürlich viel, viel mehr über diese Sache sagen, aber ich will nur das betonen, daß dieses System von niemandem entworfen wurde. Niemand hat sich vorgenommen, so ein System herzustellen, niemand hat das System hergestellt. Niemand hat irgendeine Autorität oder eine Verantwortung für das ganze System, und es stellt sich auch heraus, daß es niemand abschalten kann. Solche Sachen passieren, und sie passieren immer häufiger, sie passieren heute. Die Börse in New York schlug vor, daß alle Leute ihre Systeme abschalten sollten, wenn die Gefahr besteht, daß das System umkippen kann. Wenn man den Anschein einer Gefahr erkennt – natürlich auch mit Hilfe von Computern –, soll einfach alles abgeschaltet werden. Es stellt sich aber heraus, daß es keinen Schalter gibt! Man kann sagen: »Also bitte, liebe Makler, benutzen Sie das jetzt nicht«, aber dann hat natürlich jeder Makler die Idee, daß er in einer sehr guten Lage ist, wenn er jetzt der einzige ist, der es benutzt, weil die anderen alle das tun, was sie sollen. Das System kann also nicht abgeschaltet werden. Und das meine ich hier, wenn ich sage, daß unser Golem nicht, jedenfalls nicht unbedingt, eine einzelne Maschine oder ein einziges System in dem üblichen Sinn ist. Hier haben wir mit etwas zu tun, das wirklich sehr an den Zauberlehrling erinnert. Und es ist auch vielleicht ein Zeichen unserer Zeit, daß die Verantwortung hier, man könnte auch sagen, die Schuld in diesem Fall, niemandem zuzuschreiben ist. Man kann nicht irgend jemanden auswählen und sagen: »Du bist schuld. Du hast das falsch gemacht«. Wie schon gesagt, es war kein Computerfehler, alles ging genauso, wie es sollte. Und man könnte viele solcher Beispiele geben.

Die Frage, die sicherlich hier auftaucht, jedenfalls die Frage, die ich hier stellen werde, ist: Sind wir diesem Golem, den wir selbst hergestellt haben, hilflos ausgeliefert? Ich glaube, die Antwort hängt unter anderem davon ab, was wir hier mit »wir« meinen. Wer sind »wir« in diesem Fall? Ich denke an dieser Stelle an den Satz, den wir, es ist noch nicht lange her, so oft gehört haben, und ich glaube oft mit der größten Hoffnung und Freude: Wir sind das Volk. Ich glaube, die großen Männer der DDR – fast alle waren ja Männer – wußten, daß die Massen, die das immer wieder schrien, nicht hingetrommelte Massen waren, so wie sie es selbst gewöhnt waren, sondern daß jeder und jede einzelne in diesen Massen sich als Mitglied des Volkes, das doch letztendlich regieren sollte, erkannte. All diese vielen Menschen waren sich bewußt, daß sie als einzelne nicht mehr mit Lügen, Hochverrat und reiner Gaunerei mitmachen wollten. Dieser Golem, das heißt die damaligen Machthaber der DDR und was alles davon abhängt, wurde abgeschaltet und ist zu einem Haufen Schrott und Asche geworden, so wie ein Golem in einem Film. Jedenfalls haben wir hier ein Beispiel dafür, daß wir, wenn man das »wir« richtig interpretiert, nicht unbedingt dem Golem, auch nicht dem Golem, den wir selbst hergestellt haben, hilflos ausgeliefert sind. Man muß aber an sich glauben. Jeder einzelne muß an sich und an seine Macht glauben, und das bedeutet, man darf nicht an der Phantasie der Machtlosigkeit scheitern.

Wir sind nicht machtlos. Überall haben wir das erfahren, durch viele Ereignisse, die wir in den letzten Jahren beobachtet haben, durch den Sieg des gewaltlosen Kampfes fast überall in der Welt – in China ist es nicht gelungen, jedenfalls noch nicht. Wir sind nicht machtlos.

Was bedeutet das jetzt für diesen Golem, den wir in die Welt gerufen haben? Ich meine ganz besonders uns, die wir in der privilegierten Ersten Welt leben oder was unser Präsident so gerne die »freie Welt« nennt. Was ist der Golem in unserer Welt? Es gibt einige, das ist ziemlich sicher, aber ich glaube, der größte ist der Wahnsinn, der in unserer Welt herrscht. Ich glaube, jeder einzelne sollte sich entscheiden, erst einmal das Ganze genau anzuschauen und dann zu entscheiden, nicht mehr mitzumachen. Was ich meine – es ist bloß ein Beispiel unter vielen anderen –, ist die Waffenlieferung an die Dritte Welt. Hier spreche ich nicht besonders von den bösen Deutschen, die Saddam Hussein so viel geliefert haben; ich bin mir sehr bewußt, daß die Vereinigten Staaten 1990 zweimal so viel Waffen an die Dritte Welt geliefert haben wie alle anderen Staaten zusammen. Das ist einfach schrecklich, es ist natürlich ein Export von Armut, denn diese Länder in Afrika und Asien können sich die Hubschrauber und alles das nicht leisten. Sie haben viele andere Aufgaben. Was meine ich damit, den Wahnsinn nicht mitzumachen? Man könnte ja sagen, das bedeutet, daß ich jetzt einen Brief, einen Leserbrief an verschiedene

Zeitungen schreiben sollte, vielleicht an die *New York Times* oder *Die Zeit* und dagegen protestieren sollte, daß wir immer noch Waffenlieferungen durchführen. Das sollte man vielleicht auch machen, aber wenn ich jetzt vom einzelnen spreche, meine ich, man sollte sich selbst entscheiden, diesen Wahnsinn nicht mehr mitzumachen. Es gibt, wie gesagt, viele Beispiele.

Was rate ich z.B. Studenten an meiner Universität? Das ist ziemlich einfach. Es bedeutet, sich bewußt zu werden, was das Endziel ihrer Arbeit schließlich ist, und ich denke hier an die Forschung, dem Computer das Sehen beizubringen oder zu verbessern. Dazu könnte man fragen: Was ist das Endziel dieser Arbeit? Ganz bestimmt ist ein Ziel, überhaupt das Sehen besser zu verstehen – das könnte auch vielleicht Blinden helfen – also, einfach den Mensch besser zu verstehen, indem man das Sehen besser versteht. Das ist bestimmt ein Endziel. Aber heute – ich spreche nicht von morgen oder übermorgen oder einer anderen Welt – in unserer Welt heute ist es völlig klar und absolut garantiert, daß jeder Fortschritt in diesem Bereich sofort vom Militär aufgegriffen wird. Das, was dabei herauskommt, sind Cruise Missiles, die noch besser ihr Ziel finden können. Was ich dann den Studenten und überhaupt allen, die mir zuhören, rate, ist, sich vorzustellen, daß er oder sie selbst jetzt in dieser Rakete sitzt, die ihren Weg findet und die dann schließlich zum Ziel kommt. Dann passiert etwas, vielleicht wird eine Atombombe geworfen, jedenfalls gibt es eine große Explosion, Menschen werden zerrissen. Ich empfehle, sich dann zu fragen, ob er mit diesem Endziel zufrieden ist, ob er den Knopf drücken würde, wenn er gerade da sein würde statt hier im Labor sehr weit entfernt von dieser Sache. Was ich fordere, um mit unserem eigenen Golem fertig zu werden, ist eben diese enorme, riesige psychologische Entfernung zwischen dem, was wir tun, und was die Konsequenzen unseres Tuns tatsächlich sind, zu verringern.

6. Die Sprache des Lernens

Wir können fragen: Wie alt ist ungefähr die Theorie oder die Praxis des Lehrens, mit der Sie groß geworden sind? Es wird ja oft gesagt, Tafel und Kreide seien veraltet. Es sei eine Schande, daß wir bei so viel technischem Fortschritt immer noch jemand da vorne haben mit Kreide und Tafel usw. Hubert Dreyfus, der auch hier bei dieser Veranstaltung ist, hat mich daran erinnert, daß das Schulsystem, wenn wir die Entwicklung in den letzten 500 Jahren oder vielleicht auch 2000 Jahren betrachten, heute vielleicht optimal ist. Man sollte es nicht abschaffen. Ich denke sowieso, wir sollten viel vorsichtiger sein im Umgang mit unserem Fortschritt. Wir sollten gut überlegen, wie wir die neuen Dinge, die wir erfunden haben, einsetzen und ganz besonders, ob wir die alten rausschmeißen. In Amerika beispielsweise haben wir die Straßenbahnen abgeschafft, also richtig abgebaut, die Schienen sind weg. Jetzt bedauern wir das. Wir wären besser beraten gewesen, wenn wir den Abbau nicht ganz so schnell vorangetrieben hätten.

Zurück zum Schulsystem. Ich will nicht sagen, ganz besonders nicht in diesem Kontext, daß wir die Möglichkeiten, die unsere neuen Technologien uns anbieten, von vornherein außer acht lassen sollten. Das bedeutet nicht einfach: mehr Kreide oder etwas größere Tafeln. Nein, das sage ich nicht. Im Zentrum der neuen Technologien, die für die Schule interessant sein könnten und die wichtig sind für die Kinder und zum Lernen, stehen selbstverständlich die neuen Medien. Man kann sie vielleicht zusammenfassen, indem man – sei es nun ein Computer oder ein Fernsehgerät – vom Bildschirm spricht. Der Bildschirm birgt für die Kinder allerdings gewisse Gefahren in sich. In Amerika jedenfalls sehen die Kinder zu Hause jeden Tag, daß der Bildschirm die Quelle der Wahrheit ist. Die Eltern schauen die Nachrichten, man sieht den Sport usw. Ich sage »Wahrheit«, vielleicht sollte ich Realität sagen. Man erfährt Realität vom Bildschirm her. Und wenn wir jetzt den Computer einsetzen, und der Computer sagt das und das über seinen Bildschirm, dann könnte man annehmen, daß das auch die Wahrheit oder Realität sein muß. Das ist etwas gefährlich.

Noch etwas möchte ich ganz kurz über das Fernsehen anmerken, ohne jetzt darauf einzugehen, wie viele Stunden die Erwachsenen und Kinder in Amerika durchschnittlich vor dem Fernseher zubringen. Ich glaube, das Gefährliche am Fernsehen ist auch, daß das Wissen, d. h. die Daten oder das, was über den Fernseher zu uns kommt, uns so absolut mühelos erreicht. Wir sitzen da, und es ist, als ob wir im Regen stehen oder als ob die Sonne gerade auf unseren Kopf scheint – es geschieht alles ohne unser Zutun! Herr von Glasersfeld hat gerade gestern bemerkt: Das Wissen muß von den Wissenden mit Mühe aufgebaut werden, sonst bleibt es nicht. Ich glaube, so ist es auch mit dem Fernsehen, weil eben das Wissen nicht aufgebaut ist. Ich denke hier in diesem Kontext an die wunderschönen Naturfilme und Dinge dieser Art, die wir im Fernsehen sehen. Wir Erwachsene sagen dann: Wie schön, unsere Kinder wissen ja so viel mehr, sie haben ja die ganze Welt im Fernsehen gesehen. Aber es ist etwas ganz anderes, ob man nun ein kleines Kaninchen selbst aufzieht oder Pflanzen züchtet, oder ob man darüber einen *Timelife*-Film im Fernsehen sieht.

Mit Hilfe des Computers oder auf dem Computer kann man beliebige Welten herstellen. Künstliche Welten, über die der Programmierer die ganze Macht hat, die er völlig beherrschen kann. Heute können wir in der Regel davon ausgehen, daß der Computer so funktioniert, wie er in der Gebrauchsanleitung beschrieben ist. Daß aber auch das *Upgrading-System* so funktioniert, wie es geschrieben wurde, das ist nicht ganz so sicher. Der Programmierer weiß, daß alles, was da passiert, von ihm gemacht wurde, auch das, was nicht passiert, aber was passieren sollte, also Fehler. Er ist dafür verantwortlich. Er kann nirgendwo hingehen und sagen, hier hat jemand etwas falsch gemacht. Diese Verantwortung, das Wissen – es ist mein eigener Fehler, ich muß es reparieren können, weil ich diese Welt hergestellt habe, und ich bin der unbedingte Herrscher dieser Welt – ist natürlich schon faszinierend. Das alles macht die Computer schon sehr attraktiv und reizvoll. Wir können beispielsweise Simulationen in der Schule zeigen, wir können durch die innersten Strukturen der Moleküle wandern und dabei auch die Strukturen verändern oder durch die Teilchen eines Atoms. Das ist schön, wunderschön. Wir können sogar neue Naturgesetze bestimmen. Ich denke hier z.B. an die Schwerkraft, wie sie funktioniert. Die Gleichungen »Squared of the distance« usw. kennen wir alle. Wir können sie im Computer ersetzen. Es ist dann nicht mehr »Squared of the distance«, es ist irgend etwas anderes, und es funktioniert. Wir haben in diesem Fall eine Welt hergestellt, die in unserer Welt tatsächlich unmöglich ist, und wir können in dieser Welt spielen. Dies bedeutet eine ungeheure Macht für den Programmierer – viel, viel mächtiger und viel größer als, sagen wir mal, Shakespeare sie hatte, wenn er seine Welten für uns aufgebaut hat. Wir können das Universum simulieren oder einfach durch eine Straße rasen mit Lichtgeschwindigkeit, und wir können darstellen, wie das aussehen würde. In der Praxis läßt sich das nicht realisieren. Wenn man das überhaupt sehen möchte, sieht man das entweder in seiner Phantasie – das kann man auch –, oder man sieht das in einer Computersimulation.

Im allgemeinen könnte man sagen, daß der Computer als Labor dienen kann in der Chemie, in der Physik, sogar in den Verhaltenswissenschaften, und ganz besonders wichtig ist er in den Wirtschaftswissenschaften. Hier leistet der Computer Vortreffliches, und das sollten wir auch unseren Kindern zeigen.

Was wir dabei mit dem Computer aufbauen, sind Modelle. Und ich möchte etwas über Modelle und Simulation sagen. Es ist ein Phänomen aus der Physik, das ich erwähnen möchte, eine ganz einfache Sache: Da ist ein Nagel. An dem Nagel hängt ein Draht, und an dem Draht ist ein Schlüssel, und hier sind kleine Gewichte. Und jetzt stellen Sie sich vor, Schüler sehen das auf einem Bildschirm, in einer Klasse. Es ist eine sehr raffinierte Simulation. Vielleicht erscheint eine Hand, die dann eines der Gewichte nimmt und in die Schüssel legt. Wir sehen dann, daß der Draht sich ein bißchen verlängert. Und dann nimmt man noch ein Gewicht und noch ein Gewicht, und der Draht verlängert sich jedesmal gleichmäßig um dieselbe Strecke, bis zu einem gewissen Punkt. Dann auf einmal dehnt sich der Draht stärker als das letzte Mal, obwohl man wiederum dasselbe Gewicht aufgelegt hatte. Das ist ein Phänomen. Das Experiment war sehr deutlich und sehr schön auf dem Bildschirm zu sehen. Aber da ist ein Junge, der sagt, er hätte es nicht kapiert. Er fragt: »Könnte man das wiederholen?« Und der Lehrer antwortet: »Ja, natürlich!« Es wird ein Knopf gedrückt, und dann wiederholt sich die ganze Sache. Man kann das Experiment auch unterbrechen und sagen: »Siehst du, von hier bis hier ist es so, und jetzt ist es anders.« Doch etwas stimmt nicht in dieser Vorstellung. Es sind zwei Sachen, würde ich sagen, die da nicht stimmen. Zunächst ist so eine Simulation eine riesige Verschwendung der Energie und der Zeit. Das allerdings kümmert mich nicht so viel im Moment. Was ich vielmehr meine, ist, daß man vielleicht in jedem Schulzimmer einen Nagel und einen Draht finden kann und damit das Experiment selbst durchführen kann. Das Experiment ist ja nicht so etwas wie die Lichtgeschwindigkeit oder etwas, was wir überhaupt nicht machen können. Dieses Experiment könnten wir durchaus selbst durchführen. Dann würden die Kinder sehen, wie es funktioniert. Das ist die eine Sache. Die andere – viel wichtigere, sehr viel wichtigere – Sache liegt in der Aussage des Lehrers: »Ja, natürlich können wir das wiederholen!« In der Natur können wir es nicht wiederholen. In der Natur gibt es sehr, sehr wenig, das überhaupt wiederholbar ist. Die Natur ändert sich, wenn wir etwas machen. Wenn ein Schüler einen Bericht abliefert über ein Experiment, das er im Chemielabor gemacht hat, und die Zahlen, die er als Ergebnis angibt, sind identisch mit den Zahlen, die theoretisch erwartet werden, dann weiß man, daß er das Experiment nicht gemacht hat. Nur sehr selten stimmen die Ergebnisse eines Experiments mit den in der Theorie errechneten überein. Das ist eine sehr, sehr wichtige Einsicht – ich kann sie gar nicht stark genug betonen. Vor allem die Lehrer sollten dies wissen und darüber mit den Schülern sprechen. Das ist nur ein ganz einfaches Beispiel der größeren Sache »Modell«. Was wir mit Computern machen, sind fast alles Simulationen, Modelle. Da sollte man schon etwas über Modelle wissen. Ich frage mich, wie viele Lehrer und Lehrerinnen in der ganzen Welt überhaupt etwas über Modelltheorien wissen. Um das verständlich zu machen, werde ich Ihnen noch eine kleine Phantasiegeschichte erzählen. Stellen Sie sich einen schönen Park vor. Und in dem Park ist ein schöner Berg, ein Schlammberg, denn es hat gerade geregnet. Oben auf dem Schlammberg sitzt ein Elefant. Und jetzt kommt ein Vater mit seinem kleinen Kind. Sie gehen spazieren. Das Mädchen sieht den Elefanten, und da sie ganz genau weiß, daß der Vater Naturwissenschaftler ist, fragt sie ihn: »Wenn der Elefant anfängt runterzurutschen, wie lange würde es dauern, bis er unten ankommt?« Der Vater überlegt und erstellt ein Modell. In diesem Modell wird der Berg ersetzt von einer schiefen Ebene und der Elefant von einem Massepunkt, dazu kommt ein Reibungskoeffizient, an den er sich erinnert. So hat er eine Differentialgleichung, die er löst, und er antwortet: »92 Sekunden, so ungefähr.« In diesem Moment fängt der Elefant an zu rutschen. Das Kind – man muß sich daran erinnern, es ist die

Tochter eines Professors an einer Technischen Hochschule – hat natürlich eine Second stop watch. Und als der Elefant anfängt zu rutschen, da drückt sie den Knopf der Uhr. Der Elefant rutscht runter, und – sagen wir mal – die Uhr zeigt 91, 92, 93 Sekunden an, so ungefähr. Also wieder einmal ein Triumph für die Naturwissenschaft. Sehen wir uns nun dieses Modell an. Was ist in diesem Modell und was ist darin nicht enthalten? Im Modell enthalten sind – abstrahiert zwar – die Höhe des Berges, das Gewicht des Elefanten, der Reibungskoeffizient und ein paar andere Sachen. Also wirklich nicht viel: vier oder fünf Parameter, nicht mehr. Umgekehrt aber ist, außer diesen drei oder vier genannten Parametern, jeder weitere Fakt, jede Tatsache des Universums nicht darin enthalten. Es ist nicht ersichtlich, ob es heute Dienstag ist, ob in Jugoslawien Krieg herrscht, wieviel die Sonne wiegt usw. Also fast alles von der ganzen Welt ist von diesem Modell ausgeschlossen. Und es ist wirklich ein Triumph der Naturwissenschaft, daß der Vater das Ergebnis vorhersagen konnte. Ich glaube, daß das Einstein meinte, als er sagte, es sei erstaunlich, es sei ein Wunder, daß wir überhaupt etwas von der Welt lernen können mit den komischen Methoden der Naturwissenschaft. Es ist eine sehr komische Methode, bei der man fast alles ausläßt. Und jetzt werde ich behaupten, jedes Modell hat diesen Charakter. Viele Modelle bedeuten viel mehr Parameter, aber immer wird fast alles ausgelassen. Und ich glaube, daß das unsere Welt, unsere Denkwelt ist. Sie besteht fast ganz und gar aus Modellen. Nehmen wir beispielsweise die Analogie oder die Metapher; wir können ohne diese Sachen nicht denken. Wir können nicht sprechen ohne Analogien, Metaphernmodelle usw. Das ist eine tiefe Einsicht, und das zu lernen ist etwas sehr Bedeutsames. Wieder einmal frage ich mich, wie wird das gelehrt, wie viele Lehrer, jetzt mit oder Computer, wissen das und lehren das?

In den Verhaltenswissenschaften, z.B. *economics*, steckt

man in Modelle alles hinein, was man sich vorstellen kann. Man hat die ganze Welt sozusagen im Modell. Und jetzt hat man es in Gang gebracht, und wir verlassen uns nun auf dieses Modell. Was ich damit sagen möchte: Auch wenn wir unsere neuen Technologien, *communication* und *computation*, miteinander verbinden, also mächtige Simulationen herstellen können, so werden doch immer Grenzen da sein – ob die Simulationen als solche erkannt werden oder nicht, das ist eine andere Sache. In jedem Modell werden Fragen auftauchen, die wir den Modellen nicht stellen sollten. So schön der Rausch auch ist, der uns überfällt mit den neuen Technologien – wenn man nicht über die Grenzen sprechen kann, dann lohnt es sich nicht, würde ich sagen.

Was ich hier Modelle genannt habe, wird heute allgemein mit virtuelle Welten oder virtuelle Realitäten – *virtual reality* auf englisch – bezeichnet. Dieses Wort ist jetzt in aller Munde. Damit begonnen, *virtual reality* herzustellen, hatte vor etwa 20 oder 30 Jahren eine kleine, unbedeutende, insbesondere wissenschaftlich unbedeutende Branche: die Computerwelt oder Computerindustrie. *Virtual reality*. Sie kennen es sicher alle. Da trägt man eine Monitorbrille und sieht in drei Dimensionen. Zu sehen ist ein Modell, und man hat einen Handschuh an, der einer Hand korrespondiert, die tatsächlich im Bild ist. Wenn man seine Hand bewegt, bewegt sich diese Hand. Diese Sache, wie gesagt, hat vor 20 oder 30 Jahren angefangen. Große Fortschritte wurden in dieser Zeit nicht gemacht, lediglich die Computer sind einfach sehr, sehr viel schneller geworden. Man mag jetzt extrapolieren, damit sei eine ganz neue Methode entstanden, die Welt zu sehen. Unsere Kinder würden in solchen Welten leben. Und es würde überhaupt nicht mehr nötig sein, jemand zu besuchen, weil sich zwei Leute ja in dieselbe virtuelle Realität einschalten könnten und dann hätten sie genau das sensationelle Erlebnis, als ob sie sich getroffen hätten. Interessant, psychoanalytisch interessant ist, daß in solchen Gesprächen – jedenfalls in denen, die ich beobachtet und mitgemacht habe – stets die Frage auftaucht, ob man auch dann in dieser virtuellen Welt Sex mit den anderen haben könnte. Antwort: nein. Der Begriff *virtual reality* ist in aller Munde, und es gibt kaum einen Journalisten, der mich nicht in ähnlicher Weise, wie eben erwähnt, dazu befragt.

Ich habe hier auf diesem Kongreß auch Vorträge über *virtual reality* gehört. Was wir einmal Simulation genannt haben oder Programm oder den Verlauf eines Programms, das wird heute mit diesem Begriff bezeichnet. Man sieht daran, wie dieser Begriff *virtual reality* unsere Sprache vergiftet, wie die Worte entwertet worden sind. Worauf ich aber vor allem hinaus will, und hiermit möchte ich anschließen an das, was ich schon gesagt habe, ist, daß wir dabei immer von einem Modell sprechen. Und die ganze Begrenzung, die ich im Falle des Modells erwähnt habe, die kommt jetzt ins Spiel. Wenn fast die ganze Realität der Welt, wenn fast alles ausgelassen wird, dann sind die Aussagen, die so ein Modell macht, doch sehr begrenzt.

Ich denke, wenn wir jetzt anfangen, über die neue Sprache des Lernens und Lehrens zu sprechen, und wir sagen jetzt, die neue Sprache ist die Sprache der Informatiker, besonders die der Extreminformatiker, dann ist das sehr schade. Und noch etwas möchte ich dazu anfügen. Die alten Sprachen des Lernens und Lehrens sollten – wie die Straßenbahnen in Los Angeles – nicht weggeworfen werden. Sie dienen uns, und dabei meine ich ganz besonders das Buch und das Lesen. Mein Fazit ist: Verlernt die alten Sprachen nicht!

7. Computer und Schule

Es wird oft gesagt, der Computer sei heute überall, und junge Leute müßten doch wissen, womit sie in der Welt konfrontiert werden. Deswegen sei es notwendig, daß die Schule etwas über den Computer lehrt. Aber es gibt auch andere Sachen, die überall in unserer Welt sind, bei denen wir eben nicht das Gefühl haben, wir müßten uns in der Schule die Zeit nehmen, darüber zu lehren.

Ich bin jetzt besonders achtsam, da ich Enkelkinder habe. Ich habe wieder Kontakt mit kleinen Kindern. Es ist nämlich schon ziemlich lange her, seit ich meine eigenen Kinder beobachtet habe – meine jüngste Tochter ist schon 28 Jahre alt. Es ist wirklich erstaunlich, wie schnell und, man könnte fast sagen, automatisch Kinder die Technologie dieser Welt lernen, ohne daß sie in der Schule gelehrt wird. Ein Beispiel: Mein dreijähriger Enkelsohn und ich gehen in einen Fahrstuhl, und was sagt er? Sie wissen alle, was er sagt. Er sagt: Darf ich den Knopf drücken? Also, er versteht etwas vom Knopfdrücken. Das ist schon sehr kompliziert. Das ist ein sehr komplizierter Vorgang, den er in einem gewissen Sinn versteht: Wenn man den Knopf drückt, dann passiert etwas. Außerdem ist es wichtig, welchen Knopf man drückt. Es bedeutet, daß der Fahrstuhl jetzt rauf und runter geht. Seine Mutter hat ihm einen Kassettenrecorder gekauft, aber es ist einer, der ganz besonders für kleine Kinder gemacht ist, aus Holz mit großen farbigen Knöpfen. Die kann man bedienen, so wie an einem normalen Tape-Recorder. Mein Enkel hat es sofort gelernt. Auch ein ziemlich kompliziertes Instrument, das wir in unserer Welt fast überall finden. Noch ein weiteres Beispiel: Ich habe einmal in Amerika draußen ein Telefon auf einer Stange gesehen, also keine Telefonzelle, und da ist ein kleines Mädchen, vielleicht vier oder fünf Jahre alt, und sie hält das Telefon und spricht hinein. Woher weiß sie, daß das, was sie da hört, die Stimme ihrer Mutter ist? Und woher weiß sie, daß ihre Mutter sie hört, wenn sie da hinein spricht? Das ist ein sehr, sehr komplizierter Vorgang, aber das kleine Kind hat es begriffen, wie die meisten anderen kleinen Kinder in unserer Welt. Was ich betonen möchte, ist, daß sich die Schule, nur weil etwas überall ist und wir es alle benutzen, nicht notwendigerweise dafür Zeit nehmen muß, das zu lehren.

Im Zusammenhang mit Computer und Schule wird auch oft gefragt, was das richtige Alter ist, um einem Kind einen Computer zu geben oder ihm Zugang zum Computer zu ermöglichen? Es ist in einem gewissen Sinn eine Frage, die nicht mehr notwendig ist, denn der Computer ist eben überall. Z.B. ist in der Uhr, die in der Küche hängt, ein Computer, und in der Waschmaschine, im Fotoapparat, im Auto. Obwohl es eigentlich nicht notwendig ist, taucht die Ansicht auf, daß es irgendwann notwendig sein wird, einem Kind Zugang zu einem Computer zu geben. Ich glaube das nicht, denn die Leute, die daran glauben, übersehen ein paar Fragen. Eine Frage, eine ganz wichtige Frage, ist die folgende: Auf welcher Erklärungsebene wollen wir den Kindern den Computer erklären? Auf englisch gesagt: »At what level of explanation?« Sollen wir ihnen erklären, wie man ein Computerspiel, vielleicht einen Flugzeugsimulator, der viel Spaß machen könnte, bedient? Sollen wir den Kindern den Computer auf dieser Ebene erklären? Dann kann man vielleicht etwas sagen über Computersprachen, besonders sogenannte höhere Computersprachen. Wie funktioniert der Computer, daß er diese Sprache versteht?

Dann gibt es das, was wir *machine language*, also Maschinensprache nennen – ja, und wie funktioniert das? Da muß man die Schalter des elektrischen Gerätes, seine Architektur, erklären. Das ist nicht besonders schwer, muß ich sagen, aber man muß sich entscheiden, man muß sagen: »Diese Ebene wollen wir.« Wenn man das gesagt hat, muß man auch seine Idee verteidigen, indem man begründet, daß es gerade diese Ebene der Erklärung ist, mit der man beginnen bzw. aufhören sollte. Warum gerade diese Ebene? Wenn man sagt: »Nein, sie sollten auch lernen, wie diese Schalter und diese Architektur funktionieren«, dann dauert es nicht lange, bis wir in der Quantenmechanik – ich meine das ganz ernst –, bis wir in der Physik sind. Das wollen wir den Kindern ganz bestimmt nicht in einem frühen Alter erklären. Damit können sie warten, bis sie in der Universität sind.

Daß diese Frage nicht beantwortet ist, daß sogar diese Frage überhaupt nicht gestellt wird, sagt etwas über die Inkompetenz der Leute, die diese Entscheidungen für übliche Schulsysteme treffen.

Noch einmal zu der Aussage: Der Computer ist doch da, ist überall, man muß darüber etwas lernen. Eine gute Frage würde sein: Gibt es andere Sachen, die auch überall sind und über die wir vielleicht einmal gedacht haben, wir sollten darüber in der Schule lehren? Es stellt sich heraus, daß wir natürlich eine kleine Anzahl von Spezialisten haben müssen, aber sonst brauchen wir darüber sehr wenig zu wissen. Da denke ich an ein Gerät, das wir jeden Tag benutzen. Sicherlich ist eine ganze Menge dieser Geräte hier im Saal. Wenn dieses Gerät aufhören würde zu funktionieren, dann würde bestimmt in einer Woche die Welt in einem großen Chaos versinken. Es gäbe viele Opfer, Menschen würden verhungern, vieles würde zusammenbrechen. Und das Gerät, von dem ich spreche, ist, wie gesagt, überall. Persönlich habe ich in diesem Moment drei davon bei mir, und viele von Ihnen haben auch dieses Gerät an Ihrem Körper irgendwo. Was könnte das sein? Es ist überall so präsent, daß wir gar nicht daran denken. Das ist genau das, was mit dem Computer jetzt passiert und weiter passieren wird. Die Zahl der Computer ist heute in den Industrieländern sicherlich größer als die Bevölkerung dieser Länder. Und die Zahl der Computerberufstätigen, die wir brauchen, also Programmierer, Konstrukteure und Architekten, Computerarchitekten, wird immer geringer, verglichen mit der Zahl der Leute, die tatsächlich jeden Tag vom Computer direkt oder indirekt berührt werden. Die Aussage, man müsse etwas über den Computer wissen, wenn man sein Abitur macht, weil man sonst in der Welt verloren sei, stimmt einfach nicht.

Was ist aber das Gerät, von dem ich spreche, das Gerät, das fast jeder bei sich trägt, ohne daß es ihm bewußt ist? Die üblichen Antworten sind Kugelschreiber – na ja, die Welt würde nicht verhungern, wenn der Kugelschreiber auf einmal aufhört zu schreiben – oder die Uhr –, aber ich habe keine drei Uhren bei mir. Ich weiß nicht, was alles noch geraten wird. Das Gerät, an das ich denke, ist der elektrische Motor. Wenn ich sage, ich habe drei bei mir, so deshalb, weil mir jemand vor kurzer Zeit diese Uhr gegeben hat, die drei ganz winzige Elektromotoren enthält. Sicherlich haben viele von Ihnen eine Quarzuhr, die auch einen elektrischen Motor in sich hat. Natürlich ist auch einer im Kühlschrank, im Fotoapparat, im Auto. Aber wir fordern doch nicht, daß jeder Schüler alles, was mit dem elektrischen Motor zusammenhängt, erst einmal lernen muß.

Die Mittel der Schule sind eben begrenzt, nicht nur, was das Geld betrifft, sondern auch was die Zeit angeht. Die Schüler sind nur eine ganz begrenzte Zeit in der Schule. Und wenn man jetzt etwas Neues hineinsteckt, ein neues Fach wie Computerlehre z. B., dann muß etwas Altes herausfallen. Es ist erstaunlich, wie wenige Leute daran denken. Da muß etwas rausfallen. Was sollte das sein? In Amerika ist es üblich zu sagen: Geschichte. An der Schule bzw. Universität, an der ich lehre – eine technische Universität –, habe ich in einer Diskussion mit Studenten einmal gehört, man könne auf das Fach Geschichte verzichten, weil das, was dort gelehrt wird (wann irgendwo irgend etwas passiert ist, Stichworte: Kolumbus, Amerika,

1492), gerade das ist, was der Computer so gut behalten kann. Irgend etwas muß wegfallen, wird durch den Computer ersetzt, und das sagt uns – und das ist eine wichtige Wahrheit –, daß die Frage, ob wir einen Computer in die Schule einführen wollen, letztlich eine Frage der Prioritäten ist. Was ist das Wichtigste? Natürlich beinhaltet die Frage mindestens indirekt, was die Aufgabe der Schule überhaupt ist.

Vielleicht erlauben Sie mir, ein wenig an Ihrer Schulter zu weinen, mit anderen Worten, etwas über das amerikanische Schulsystem zu sagen, das in einem katastrophalen Zustand ist. Was da passiert und was Sie hier nicht passieren lassen dürfen, ist, daß die Problematik, von der ich jetzt sprechen werde, die eigentliche Problematik der Schule völlig verdrängt, indem der Computer als Lösung eingeführt ist. Die Problematik wird erst einmal technisiert; es werden also technische Fragen daraus gemacht, und dann haben wir das Instrument, um diese technischen Fragen zu lösen. Das bedeutet, daß die wesentlichen Fragen, die Fragen, die wir tatsächlich stellen sollten in Hinblick auf unsere Schule, überhaupt nicht gestellt werden. Es ist z.B. fast ein Sprichwort, ein Slogan, ein Schlagwort: »Johnny can't read.« Unser Kind kann nicht lesen. Da kommt jetzt eine Computergesellschaft, in diesem Fall IBM, und präsentiert ein Computersystem, zusammen mit dem Programm *Learning to read* und sagt, da haben wir's. Und es stellt sich in Experimenten heraus, daß dieses Programm, dieses System, tatsächlich hilft, die Lesedaten zu verbessern. Nun sagt man: »Siehst du, der Computer ist die Lösung für dieses Problem.« Was man nicht getan hat, aber tun sollte, ist erst einmal zu fragen, warum Johnny nicht lesen kann. Damit Sie sehen, daß das ein sehr ernstes Problem in unserem Land ist: Ganz offiziell, also von der Regierung bekanntgegeben, wissen wir, daß ein Drittel unserer Jugendlichen nicht lesen kann. Ein Drittel unserer Jugendlichen! Das heißt, sie können *Comic Books* einigermaßen lesen und auch Schilder, aber sie könnten sogar die Bildzeitung hier nicht lesen, und ganz besonders können sie Gebrauchsanweisungen von einfachen Instrumenten nicht lesen. Die Frage sollte aber nicht sein: »Haben wir ein Instrument, das vielleicht das Lesenlernen verbessern könnte?« Man sollte vielmehr fragen: »Warum kann Johnny nicht lesen? Warum kann er nicht in der Schule lesen lernen?« Wenn man diese Frage stellt, dann würde sich vielleicht herausstellen – es ist nur ein Beispiel –, daß Johnny Hunger hat, wenn er in der Klasse ist. Und wenn das der Fall ist, dann kommt die nächste Frage: »Wir hatten doch immer ein Frühstücks- und Lunchprogramm in der Schule. Also, ihm wird doch wohl zu essen gegeben?« Die Antwort darauf ist: »Nein, wir hatten es, yes sure, aber wir haben es nicht mehr.« Dann kommt die Frage: »Wie kommt es, daß wir es nicht mehr haben?« »Weil wir das Geld nicht haben.« »Wo ist denn das Geld?« Dann sollte man wissen, daß ein Bombenflugzeug der Air Force – es ist fast unglaublich – 700 Millionen Dollar kostet. Ohne Ersatzteile. Nur das Flugzeug. 700 Millionen Dollar. Was ein Flugzeugträger kostet und die ganze Flotte, die dazugehört, kann man sich vorstellen. Wir haben sehr viele von diesen Dingen, und es kostet auch etwas, sie anzuwenden. Es kostet sehr, sehr viel Geld. Da ist das Geld des Lunchprogramms unter anderem hingegangen. Wenn man also die Frage verfolgt, warum »Johnny can't read«, dann kommt man ziemlich bald, ich würde fast sagen sofort, zu politischen Fragen. Zu politischen Fragen, die nicht sehr angenehm sind. Natürlich hat der Computer keine Schuld an diesen Entwicklungen, aber er wird dazu benutzt, die wesentlichen Fragen zu verdrängen.

Übrigens stellt es sich heraus, daß die Kinder in Amerika nicht nur nicht lesen lernen können, weil sie Hunger haben. Es gibt viele Gründe. Einer der Hauptgründe ist, daß Kinder sowie Lehrer und Lehrerinnen Angst haben, wenn sie in der Schule sind. Es ist noch nicht lange her, da war das Drogenproblem das größte, schärfste Problem in unserem Schulwesen. Jetzt ist es das nicht mehr. Warum nicht? Nicht weil es abgebaut wurde und weniger geworden ist, sondern weil ein anderes Problem einfach größer geworden ist, und das ist das Problem der Waffen in der Schule. Da kann man sich vorstellen, daß Kinder und Lehrer ziemlich große Angst haben. In der Stadt Detroit, Michigan – eine Stadt vielleicht von der Größe Hamburgs – werden alljährlich um die 70 Kinder in der Schule von anderen Kindern ermordet. Und Detroit ist nicht die schlimmste Stadt in dieser Beziehung. Da kann man sich vorstellen, daß Lehrer, Lehrerinnen und Kinder Angst haben. In solch einer Atmosphäre wird es sicherlich schwer sein, irgend etwas zu lehren, ob das nun Lesen ist oder etwas anderes.

Ein dritter Grund ist, daß eine große Zahl der Kinder in Amerika – es wird oft gesagt, daß es ein Drittel unserer Kinder ist – in Armut lebt. Eine so große Zahl unserer Kinder in Amerika lebt ohne Hoffnung, und sie können einfach nicht einsehen, warum sie lesen oder irgend etwas anderes lernen sollten. Es würde ihnen nichts nützen, sie sind vielleicht jetzt die dritte oder die vierte Generation in ihrer Familie, wenn man Familie überhaupt sagen kann, die nie einen richtigen Job gefunden hat. Da ist einfach keine Hoffnung und kein Plan, etwas zu werden. Die Kinder sehen die Jugendlichen. Und wenn zu ihnen gesagt wird: »Du kannst ja nicht mal ein *job application* für McDonalds ausfüllen, weil du nicht gut genug lesen kannst. Wie denkst du, daß du weiterkommst?« McDonalds bezahlt vielleicht fünf Dollar die Stunde oder ein bißchen weniger, und für McDonalds braucht man auch nicht wirklich lesen zu können. Die haben an der Kasse Bilder, keine Zahlen. Dann antworten die Kinder unter Umständen: »Wenn ich aber Wache stehe für den Drogenhändler an der Ecke, dann kriege ich 500 Dollar am

Tag.« Ja, wie kann man die Kinder dann überzeugen, daß es sehr wichtig ist, lesen zu lernen?

Also, die Qualität eines Schulsystems ist eine Frage der Prioritäten, und ich würde sagen, daß die Hauptaufgabe einer Schule doch sein muß, den Schülern zu helfen, ihre eigene Sprache zu beherrschen, lesen und deutlich schreiben und sprechen zu können. Das schaffen wir nicht in Amerika.

Jetzt zu der Frage, die Ihnen sicher im Kopf herumgeht: »Was ist die Aufgabe der Schule in Hinblick auf den Computer?« Ich würde sagen, wenn die Schule überhaupt nichts macht, keinen Computerunterricht, vielleicht den Computer im Unterricht benutzt, aber nicht Computerlehre unterrichtet, würde das keine Katastrophe auslösen. Ich möchte jetzt eine Analogie machen. Sagen wir, anstatt über den Computer in der Schule zu sprechen, sprechen wir jetzt über das Klavier in der Schule. Und ich sage genau das, was ich eben gesagt habe: »Ja, es gibt natürlich viele Klaviere in der Welt, aber es ist nicht notwendig, daß man, sagen wir vom vierten Lebensjahr an jede Woche zwei Stunden Klavierunterricht hat.« Das ist nicht notwendig. Außerdem kann man Klavierspielen auch außerhalb der Schule lernen. Dann würde mich jemand fragen, was ich gegen Musik habe. Ich habe nichts gegen Musik, aber ich glaube nicht – das ist wieder mal eine Frage der Prioritäten –, daß man die Haltung haben sollte, daß in jeder Klasse vielleicht ein junger Mozart sitzt, den wir fördern müssen. Deshalb müssen wir alle mit Musik versorgen, weil es eben möglich ist, daß wir vielleicht zwei oder drei Mozarts finden.

Ich habe nichts gegen den Computer als solches möchte ich sagen, überhaupt nichts, ich muß auch gestehen, daß mir der Computer in einem gewissen Sinne ein ganz schönes Leben ermöglicht hat. Ich will auch nicht behaupten, daß der Computer keine Rolle in der Schule spielen soll. Wenn wir Kinder haben, die wirklich ein Interesse an Musik haben, dann sollte die Schule so sein, daß die Kinder die Möglichkeit haben, ihr Interesse auszuüben und darüber zu lernen. Genauso sollte es mit dem Computer sein. Ich denke, daß es vielleicht einen Computerclub in der Schule geben sollte, und Lehrer und Lehrerinnen, die etwas davon verstehen, könnten den Computerclub leiten und Rat geben. Ich bin ganz sicher, es würde nicht lange dauern, bis ältere Schüler den jüngeren Schülern in dieser Sache helfen könnten, jedenfalls denen, die Interesse haben. Ich glaube nicht, daß der Computer ihnen vorenthalten werden sollte oder daß er irgendwie das Denken vergiftet. Das meine ich nicht.

Also, was dann? Ich habe diese Frage einmal einem Physiker gestellt, nebenbei einem Nobelpreisträger. Er hat gesagt: »Es ist ganz einfach, jeder meiner Studenten sollte einen Computer bauen. Das genügt.« Einen Computer herzustellen. Ich würde sagen, das ist heute eine vernünftige Antwort. Es ist vielleicht sogar auch eine vernünftige Antwort für eine Waldorfschule. Vielleicht sollte ich einfach sagen, daß jeder die Gelegenheit haben sollte, einen Computer zu bauen, das würde ziemlich gut sein. Natürlich meine ich jetzt nicht – da kommen wir wieder zur Wahl der Ebene der Erklärung –, daß man mit Elektronen anfängt und erst einmal lernt, einen ganz schnellen Schalter herzustellen, sondern daß man schon mit diesen Teilen anfängt. Man sollte sich nicht zu sehr um die Physik kümmern, sondern etwas über die Architektur des Computers lernen. Dadurch wird der Computer entmystifiziert, so daß man erkennt, was tatsächlich vor sich geht, und das ist wirklich nicht schwer. Ich glaube, so etwas würde vielleicht guttun.

Ich erinnere mich an meine eigenen Schuljahre. Ich hatte das große Glück, in eine öffentliche Schule zu gehen, in der man die Gelegenheit hatte, zu lernen, wie man mit Drehmaschinen umgeht. Da hatte ich damals die Aufgabe, eine Dampfmaschine herzustellen aus ganz einfachen Teilen. Ich mußte diese Teile sogar selbst drehen. Das ist sehr, sehr lange her, und ich erinnere mich immer noch. Ich verstehe immer noch etwas davon, nicht nur von Dampfmaschinen, sondern, was vielleicht sogar noch wichtiger ist, sogar von Drehmaschinen. Was ich ganz besonders wertvoll finde, gerade in meinem Beruf, ist, daß ich gelernt habe, daß die Funktion der Drehmaschine nicht rein physikalisch, jedenfalls nicht rein logisch, nicht rein mathematisch ist. Man hat seine Hand an einem Rad, das man dreht, und das Metall beißt dann da hinein. Wer es kennt, weiß, was ich meine. Es wird Wasser darüber geschüttet, so daß es nicht zu heiß wird, und dann dreht man dieses Ding. Die Intelligenz – ich benutze das Wort ganz absichtlich – die Intelligenz, die daran beteiligt ist, ist nicht ganz und gar im Kopf; sie ist auch im Gelenk, sie ist auch im Arm. Man lernt etwas dabei. Ich war sehr jung damals und habe überhaupt nicht an Computer gedacht, niemand hat daran gedacht. Jetzt, viel, viel später, bin ich ein Computerfachmann, und da werden computergesteuerte Drehmaschinen hergestellt. Dabei taucht die Frage auf: Inwieweit kann man den Menschen ersetzen? Wo liegen die Grenzen der Künstlichen Intelligenz? Was ich da als Dreizehnjähriger gelernt habe, hat sozusagen zu meiner Rettung geführt. Ich wußte, daß man den Menschen bei einfachen Tätigkeiten durch eine Maschine ersetzen kann, daß man aber nicht alles einer Maschine übergeben kann. Die Intelligenz ist eben nicht nur das, was sich hier oben in meinem Kopf abspielt. Mit dieser Auffassung müßte ich doch bei einer Waldorfschule offene Türen einrennen. Ich glaube auch, die Aufgabe, einen kleinen Computer herzustellen, Drähte zusammenzustecken und alles, was dazugehört, bedeutet etwas ähnliches. Es ist nicht ganz dasselbe, aber es ist etwas ähnliches dabei.

Ich denke hier an meine Kollegin Sherry Turkle, die sehr viel über Computer und Kinder geschrieben hat. Ich glaube, ihr Buch heißt hier *Die Wunschmaschine*; sicher ist es Ihnen bekannt. Und ich denke an Seymour Papert, einen Kollegen im MIT. Wenn man ihm die Frage stellt, in welchem Alter man einem Kind zum ersten Mal den Computer übergeben soll, dann antwortet er, es sei schon Zeit, wenn das Kind neu geboren ist. Es würde schnell zu spät sein. Er meint das ganz ernst. Was meint er damit? Ich erzähle das nicht, um einfach eine böse Geschichte zu erzählen. Er meint damit, daß man ein Kind in eine Wiege legen kann, und über dieser Wiege hängt ein Mobile, das sozusagen computergesteuert wird durch den Computer da drüben. Und dieser Computer paßt auf, wenn sich das Kind bewegt. Das Kind hebt z. B. den Arm, wie ganz kleine Babys das eben so machen. Und dann reagiert der Computer darauf. Was nach Papert so schön und wertvoll dabei ist, ist die Tatsache, daß das Kind sehr, sehr früh erfährt, eine gewisse Kontrolle über die Welt zu haben. Es lernt, daß es die Möglichkeit hat, die Welt zu ändern. Es lernt, daß es Einfluß auf die Welt hat, Macht hat – das ist genau der Ausdruck, der dazu gehört. Sherry Turkle schreibt über Schulkinder und beobachtet, daß der Computer dem Kind – meist ist es ein Junge – die erste Gelegenheit gibt, etwas völlig zu beherrschen. Und das ist für sie die Qualität des Computers.

Dazu möchte ich anmerken, daß ein geschickter Programmierer im Computer sozusagen eine Bühne beherrscht, auf der alles möglich ist. Man kann z. B. eine Welt programmieren, eine künstliche Welt, in der die Gravität, die Schwerkraft, ganz anders funktioniert als hier, größer ist oder sich ändert, was auch immer. Man kann dann Körper in diese Schwerkraft hineinwerfen und ihr Verhalten beobachten. Kinder und auch Erwachsene lernen sehr schnell, daß die Kontrolle, die man als Programmierer hat, absolut ist. Besonders bei modernen Computern, die ziemlich zuverlässig sind – ich meine ihre Hardware –, ist die Kontrolle so absolut, daß es die Schuld des Programmierers sein muß, wenn etwas nicht funktioniert. Es ist nicht wie in der Natur, daß sich vielleicht etwas eingemischt hat, das ich nicht verstehe, oder eben etwas dabei ist, von dem ich nichts weiß. Nein, im Fall der Computersimulation und der Herstellung von künstlichen Welten im Computer kann es nichts geben, was man nicht weiß. Man hat alles selbst hineingesteckt, angenommen natürlich, daß man das Anwendungsbuch des Computers versteht. Junge Leute können das. Es ist natürlich eine große Attraktion, daß Kinder, die nichts anderes als Hilflosigkeit erfahren haben, endlich etwas bekommen, was sie beherrschen können. Und das ist ganz besonders wichtig, so wird propagiert, für schwarze Kinder, also für Kinder, die nicht so privilegiert sind wie die der höheren Mittelschicht.

Man sollte aber fragen: Ist das nicht die technische Lösung eines Problems, das seinen Ursprung überhaupt nicht in technischen Fragen hat? Werden dabei nicht die wesentlichen Fragen, die Kinder betreffen, verdrängt? Man sollte doch eher fragen, wie man die Welt der Kinder, ob in der Familie oder in der Schule oder auch anderswo, so gestalten kann, daß die Kinder sich als Teilnehmer in der aktuellen Welt statt als bloße Zuschauer oder gar als Opfer wahrnehmen können. Da spielt die Umwelt der Kinder und unsere Umwelt überhaupt eine sehr große Rolle. Die Welt, in der heute die meisten Kinder leben, ist eine Welt, die immer abstrakter wird, die immer mehr abstrahiert ist. Es ist eine Welt, die sie am Bildschirm erfahren, statt in der Aktualität ihrer Umgebung.

Ich nehme an, in Familien, die ihre Kinder zur Waldorfschule schicken, ist es wichtig, lebende Wesen zu pflegen. Vielleicht haben sie einen Garten und ein Haustier. Vielleicht sind ihre Kinder verantwortlich für das Leben eines Hasen, nicht nur für die nächste Stunde, sondern überhaupt, anstatt im Fernsehen Natur- und Tierfilme über exotische Wesen anzuschauen, die man bewundern kann. Und es sind natürlich nicht nur Tiere und Pflanzen, die durch das Fernsehen und nicht konkret kennengelernt werden. Die Welt wird immer abstrakter, wir erleben große Teile der Welt nicht konkret.

Es wird oft gesagt, daß Kinder heute viel mehr wissen als wir wußten, als wir in ihrem Alter waren. Ich erinnere mich daran, daß ich als Kind dachte, die Stadt Honolulu sei eine Erfindung. Das ist so ein schöner Name, ich konnte kaum glauben, daß es so eine Stadt tatsächlich gibt. Die Kinder heute würden diesen Fehler nicht machen. Sie wissen ganz genau, daß es Honolulu gibt, sie haben es tausendmal im Fernsehen gesehen im Zusammenhang mit Polizei und Gewalt und Detektiven und Hubschraubern. Honolulu kennen sie. Aber was ihnen eben fehlt, ist die persönliche Erfahrung.

Wenn man im Fernsehen sieht, wie Haie gejagt werden oder wie eine Spinne unter Wasser leben kann, dann hat man für diese lebenden Wesen, die man »kennenlernt«, keine Verantwortung. Man sieht sie einfach, sie sind da. Aber wenn man einen Hasen oder einen Vogel oder einen Hund hat, für den man sorgen muß, dann hat man eine Verantwortung. Und auch – das ist ein sehr wichtiger Punkt, den ich betonen möchte – einen Computer zu beherrschen, ist verantwortungslos. Man hat diese Welt im Computer selbst hergestellt, oder ein anderer Computer-Programmierer hat sie hergestellt. Ich denke hier ganz besonders an die vielen Computerspiele, die es in der Welt gibt. Ich meine die vielen militärischen oder quasi-militärischen Computerspiele, die existieren, bei denen z.B. Kinder, meistens Jungen, dasitzen und sehr wild auf einen Knopf drücken. Mit jedem Knopfdruck wird ein Raumschiff abgeschossen oder eine Stadt zerstört. Wir haben so ein Spiel in Amerika, bei dem man Punkte für die Anzahl der Indianer bekommt, die man in einer bestimmten Zeit erschießt und solche Grausamkeiten. Es gibt ja sogar ein Spiel, wo man Kommandant eines KZ ist, und viele militärische Spiele, bei denen man Flugzeuge abschießt,

Städte zerstört usw. Was lernt man dabei? Man lernt vor allem, seine eigenen Aktivitäten, das, was man selbst tut, von den Konsequenzen seiner Taten zu trennen. Man lernt, daß man die Verantwortung nicht übernehmen muß für die Dinge, die man tut. Das finden wir – und jetzt komme ich zu meiner Universität – in einer technischen Universität, in der gute Menschen, die sehr gut zu ihren Kindern sind, an Sachen forschen und Technologien herstellen, die ohne Frage in Massenmordmaschinen wie Cruise Missiles eingebaut werden. Jeder Fortschritt in diesem Gebiet wird sofort in solche Instrumente eingebaut. Und sie begreifen nicht, daß sie dafür verantwortlich sind. Was sie tun und was daraus wird, ist für sie absolut getrennt. Dagegen, glaube ich, sollten wir uns wehren.

Eine Problematik, über die ich mal geschrieben habe, liegt auch im möglichen Suchtverhalten. Es gibt zwanghafte Programmierer. Sie sind allerdings zum Glück die Ausnahme. Interessant ist, daß alle zwanghaften Programmierer Männer sind. Frauen scheinen für diese Sucht nicht anfällig zu sein. Das ist sehr interessant. Ich staune, daß das bisher kein Verhaltensforscher aufgegriffen und versucht hat, zu erklären, warum das so ist. Dazu möchte ich noch ergänzen, daß dieses zwanghafte Programmieren bloß der Spezialfall, *a special case* einer viel allgemeineren Sucht ist, die man unter Wissenschaftlern findet. Gerade der Programmierer ist in der Lage, eine Welt herzustellen, die er völlig beherrschen kann. Das habe ich schon erwähnt. Dabei entsteht so etwas wie ein Kampf zwischen dem Programmierer und der Maschine. Der Programmierer bestimmt etwas, und es kommt sehr selten vor, daß ein Programm schon beim ersten Versuch tatsächlich das tut, was der Programmierer beabsichtigt hat, besonders im Fall eines sehr komplexen Systems. Wenn der Computer etwas macht, was nicht beabsichtigt ist – ich werde es einfach »Fehler« nennen –, weiß der Programmierer, besonders der zwanghafte, ganz genau, daß es seine Schuld ist.

Deswegen besteht ein permanenter Wettbewerb, ein Spiel zwischen dem Programmierer und der Maschine. Die Maschine zeigt ihm immer wieder, daß er sie nicht beherrscht, aber er will sie beherrschen. Deshalb tut er bald nichts anderes mehr als programmieren. Dieser Zwang ähnelt dem Spielzwang, also *gambling*, wie wir das nennen. Man sieht dabei besonders deutlich, daß es nicht das Ziel des zwanghaften Spielers ist, zu gewinnen. Das ist es nicht! Wenn er alles gewonnen hat, nachdem er mit fünf anderen Leuten Poker gespielt hat, wenn er schließlich all ihr Geld hat und das Spiel daher aufhören müßte, dann wird er ihnen Geld borgen, um das Spiel weiter zu machen. Dann spielt er letztlich gegen sich selbst. Das ist sehr dumm. Der Kampf ist das Wichtige! Auch beim Programmierer geht es immer weiter: Wenn er ein großes System hergestellt hat und wenn es funktioniert, ist er in einer ähnlichen Situation wie der Spieler. Meistens nimmt er dann eine kleine Änderung vor, um es noch zu verbessern. Mit diesem Versuch, es ein bißchen besser zu machen, zerstört er die ganze Sache, und dann geht es wieder von vorne los. Was dahintersteckt, ist ein Machtstreben. Ich glaube, das ist auch der Fall bei vielen Naturwissenschaftlern und auch bei Ingenieuren. Da ist eine gewisse Unsicherheit, die dahinter liegt und durch das Machtstreben kompensiert wird. Die Analogie zum zwanghaften Spieler ist allerdings nicht deckungsgleich. Ich freue mich, sagen zu können, daß es einen großen Unterschied gibt: Der zwanghafte Spieler wird sehr selten geheilt und spielt meist sein ganzes Leben. Der zwanghafte Programmierer aber gibt nach zehn oder zwanzig Jahren Erfahrung auf. Es kann sein, daß es ihm endlich langweilig geworden ist und keinen Spaß mehr macht.

Zurück zur Schule: Im Zusammenhang mit Schule und Computer taucht oft auch die Frage nach der Qualität der *educational software*, der Schulsoftware auf. Ich meine, wenn die *educational software*, die Schulsoftware schlecht ist, dann sollten wir fragen, warum das so ist. Es wird sich herausstellen, daß es dafür ernste gesellschaftliche Gründe gibt, die dazu führen, und daß es nichts damit zu tun hat, daß Jugendliche oder sogar Kinder nicht sehr viel über den Computer in der Schule lernen. Ich wurde mal gefragt, ob ich denke, daß es möglich ist, vernünftige Schulsoftware zu produzieren, und meine Antwort war: Die Frage ist, ob es möglich ist, ein Schulsystem zu etablieren, in dem Computersoftware vernünftig genutzt werden kann. Ich hoffe, daß die Waldorfschule das ermöglicht; die amerikanischen Schulen jedenfalls ermöglichen das nicht.

Die Vorstellung, die viele von der Technologie als einem Heilmittel haben, nicht Allheilmittel, aber Heilmittel, habe ich schon erwähnt. Eine Möglichkeit, das zu hinterfragen, besteht darin, daß Schüler sich selbst einen Computer bauen. Das entmystifiziert ziemlich viel. Aber man muß den Kontext erweitern, es ist ja nicht die Technologie, die hier durchschlägt, es sind die wahnsinnigen Anwendungen, und die haben mit dem Charakter unserer Gesellschaft zu tun. Nicht nur beim Militär, auch wir komplizieren unser Leben unnötigerweise, indem wir Technologien einführen, wo sie gar nicht nötig, vielleicht sogar Unsinn sind. Ich denke gerade an solche Dinge wie ein Badezimmer, in dem es keine Wasserhähne gibt, die man auf- und zudreht, sondern in dem man einfach seine Hände über das Waschbecken hält. Da ist dann ein Computersystem, das spürt, daß meine Hände da sind, und schon läuft das Wasser. So etwas ist doch absolut unnötig.

Ich mußte einmal in Zürich sehr lange laufen, denn ich hatte kein Wechselgeld für den Fahrscheinautomaten. Die Maschine war da, aber ich hatte kein Wechselgeld, und da war niemand, den ich anbetteln konnte. Ich hatte Angst, einfach einzusteigen. Wenn ein Kontrolleur kommen würde, würde mich das fünfzig Franken kosten. Also mußte ich laufen. Wenn man sich ausrechnet, wieviel es kostet, all die Automaten und Kontrolleure für die U-Bahn, die S-Bahn oder die Straßenbahn zu zahlen, käme man vielleicht auf eine Summe, die zu der Erkenntnis führen würde, daß es besser wäre, wenn dieser öffentliche Transport einfach umsonst wäre. Ich denke, es könnte billiger sein, es kostenlos zu machen, als mit all diesen Tickets, Automaten und was dazugehört. Ich will nicht behaupten, das es so ist, aber es könnte sein. Was ich aber ganz sicher weiß, ist, daß wir nach sozialen Erfindungen suchen sollten.

Ich möchte Ihnen noch eine kleine Geschichte erzählen, eine Phantasie, die ich gehabt habe, keine schöne. Ich denke an ein Konzentrationslager, in dem alles, was überhaupt von Maschinen entschieden werden kann – ein Computer ist so eine Maschine – also, wer morgen stirbt und wer Wache steht, von einem Computer entschieden wird. In dieser Phantasie sehe ich zwei Häftlinge, und einer sagt zum anderen: Es muß doch möglich sein, einen Computer vernünftig und human anzuwenden. Und der andere antwortet: Ja, aber nicht in einem KZ. Ich will nicht behaupten, daß wir heute in der westlichen Welt in den Industrieländern in einem KZ leben, aber ich behaupte, und ich werde es auch verteidigen, daß wir in einem Irrenhaus leben. Darin gibt es Orte der Vernunft, und die, die an solch einem Ort leben und ihn gestalten, sollten sich bemühen, diese Orte zu vergrößern in der Hoffnung, daß die Welt doch gerettet werden kann. Was ich damit sagen möchte, ist, daß die Angst, die wir vor der Technik haben, mit der Struktur unserer Welt zu tun hat. Ich meine nicht, daß die Aufgabe darin besteht, daß jeder ein Revolutionär werden muß oder daß wir alle auf die Straße oder auf die Barrikaden gehen sollten. Wir sollten jedoch ein Bewußtsein dafür haben, wo die Gründe liegen und was tatsächlich das Problem ist, statt immer nur die Außenfaktoren zu betrachten und daran herumzubasteln. Ich glaube, das ist sehr notwendig.

Was sollen wir tun? Ich kann das nicht für jemand anderen beantworten, jeder muß das für sich selbst entscheiden. Jedenfalls keine Dummheiten tun! Besonders dann nicht, wenn wir wissen, daß wir eine Dummheit tun.

Nehmen wir das Beispiel Umweltverschmutzung. Da ist es absolut nicht der Fall, daß wir nicht wüßten, was wir tun müßten. Wir wissen es ganz genau. Aber ob wir den Willen haben, uns politisch so zu organisieren, daß sich tatsächlich etwas ändert, ist eine andere Frage. Momentan fordert die Industrie mehr Forschung über den Treibhauseffekt, und die Zigarettenfirmen in Amerika behaupten immer noch, es sei nicht wissenschaftlich bewiesen, daß Zigaretten die Menschen krank machen. Wissenschaftlich bewiesen sei das noch nicht, wir müßten mehr Experimente machen – so ein Unsinn, wir wissen es ganz genau. Und wir wissen auch ganz genau, was wir zu tun haben, um z. B. die Umwelt sauber zu halten, und ich glaube, in vielen anderen Bereichen wissen wir, was wir zu tun haben, aber wir fragen einander trotzdem: Was können wir tun? Ich glaube, die Frage selbst ist sehr oft ein Ausweichen. Sie bedeutet, daß ich weiß, was ich tun müßte, aber vielleicht ist da etwas, was ein bißchen leichter ist und mir doch all das in diesem Leben erlaubt, an das ich mich gewöhnt habe.

8. Kunst und Computer

Ich glaube, die Grundmotivation des Künstlers liegt darin, daß er etwas zu sagen hat. Der Künstler hat etwas zu sagen, es drängt ihn, etwas zu sagen, und es ist etwas Unsagbares. Das ist die Schwierigkeit, aus der heraus Kunst entsteht. Der Künstler benutzt seine Werkzeuge, um die Grenzen der üblichen Sprache zu überwinden. Wenn ich jetzt Sprache sage, meine ich nicht Englisch und Deutsch, also die üblichen Menschensprachen, sondern ich meine auch die Mathematik. Der Künstler möchte etwas sagen, was in der üblichen Sprache unsagbar ist. Und um herauszubekommen, was ihn so drängt, versucht er die Grenzen der üblichen Sprache zu überwinden mittels seiner Werkzeuge; also, die Grenzen zu sprengen. Und das ist ein Versuch, der zwangsläufig fehlschlagen muß. Es gelingt nicht.

Um es etwas anders auszudrücken, erstens zum Thema, was »unsagbar« ist: Ich bestehe darauf – das ist eine Grundhaltung –, daß wir viel mehr wissen, als wir sagen können. Wir alle. Und wenn ich jetzt sage: »sagen können«, dann meine ich wirklich in irgendeiner Sprache oder in irgendeinem Symbolsystem, Mathematik oder chemische Notation oder Musik, was auch immer.

Wir wissen sehr viel, was wir nicht sagen können. Ich würde sogar behaupten, daß das meiste, was wir wissen, unsagbar ist. »Man kann vieles mit Worten ausdrücken, nur nicht die lebendige Wahrheit«, hat Eugène Ionesco einmal gesagt. Genauso denke ich.

Ich möchte jetzt auf die künstliche Intelligenz zu sprechen kommen. Dieses Thema, was »sagbar« und was »unsagbar« ist, spielt nämlich auch dort eine Rolle.

Wenn ich behaupte, daß wir mehr wissen, als wir sagen können, dann verlangen die Studenten in Universitäten wie Stanford oder MIT, die ja für Künstliche Intelligenz sehr zu begeistern sind und die glauben, daß der Mensch doch nichts weiter ist als eine Maschine, ein Beispiel und denken dann, sie haben mich. Also, wie kann ich ein Beispiel für etwas geben, das unsagbar ist? Daß etwas unsagbar ist, bedeutet nicht, daß wir nicht darüber sprechen können. Wir können es vielleicht nicht sagen, aber wir können darüber sprechen.

Ein Beispiel: Ich nehme an, daß jeder schon einmal die Erfahrung gemacht hat, einen Traum zu haben, der so wunderschön ist, daß man, wenn man aufwacht, wieder einzuschlafen versucht, um den Traum weiter zu träumen. Das funktioniert nicht sehr lange. Man kann nicht immer wieder einschlafen. So versucht man, den Traum irgendwie anders zu behalten. Es gibt verschiedene Methoden, die man vielleicht anwenden könnte. Eine besteht darin, den Traum aufzuschreiben. Eine andere, jemandem den Traum zu erzählen. Die dritte Methode ist, ihn sich selbst zu erzählen. Sozusagen in seiner Sprache. Es stellt sich heraus, daß jede Methode, die man hier anwendet, den Traum zerstört. So ist es leider.

Wenn man den Traum wirklich behalten möchte, gibt es nichts anderes, als ihn loszulassen. Und er kann wieder kommen. Jedenfalls ist er dann nicht zerstört. Hier weiß man etwas, was man nicht sagen kann. Das ist ein Beispiel. Es gibt natürlich viele, viele andere. Und gerade aus diesem Grund sind Versuche, dem Computer künstliche Intelligenz beizubringen, zum Scheitern verdammt.

Zurück zur Kunst: Um Kunst zu machen, muß der Künstler die Werkzeuge seines Instruments, was auch immer das ist, meistern. Eine meiner Töchter wollte Klavierstunden nehmen, und sie war sehr ungeduldig. Da sind diese Tonleitern, die man immer wieder spielen muß, diese Fingerübungen, und das wird sehr schnell langweilig. Da ist der Lehrer, und man muß üben und üben, bis man es schließlich verinnerlicht, bis man ein Stadium erreicht hat, in dem man nicht mehr an die Technik denkt, sondern es einfach tun kann.

Wir erleben in unserem Alltag viele Dinge, die etwas ähnliches verlangen, z. B. mit der Hand zu schreiben oder sogar mit der Schreibmaschine oder Auto zu fahren. Das sind Tätigkeiten, die wir erst einmal bewußt machen müssen. Dann verinnerlichen wir sie langsam und denken nicht mehr daran. Jetzt können wir schön schreiben oder gut Auto fahren oder eben Gitarre spielen.

Nun spreche ich von den Instrumenten. Es ist doch klar, daß es für den Dichter nicht nur die Schreibmaschine oder den Bleistift als Instrument gibt. Da sind auch Sprachkünste, die fast unbewußt in ihm residieren, die er verinnerlicht hat. So ist es auch mit anderen Instrumenten. Ich glaube, es ist Unsinn, zu fragen, ob Kunst mit gewissen Instrumenten möglich oder unmöglich ist. Genauso unsinnig ist es, anzunehmen, daß bestimmte Instrumente zwangsläufig Kunst erzeugen.

Der Künstler, von dem wir annehmen, daß er kreativ ist, kann einen neuen Gegenstand, einen Stein oder einen Computer, nehmen und sagen, das könnte ein Instrument der Kunst sein. Jetzt habe ich das Wort Computer fallen lassen. Die Frage, ob man Kunst mit dem Computer machen kann, ist, glaube ich, keine besonders gute Frage, denn es kommt ja nicht auf den Computer an, es kommt auf den Menschen an, auf den Künstler selbst. Vor kurzer Zeit habe ich einen Künstler gesehen, der große Skulpturen aus Müll macht, aus Sachen, die er auf der Straße und am Strand findet. Was da entsteht, ist schön, so wie ich das sehe. Und ich nehme an, daß es für ihn, wenn er damit zufrieden ist, etwas ausdrückt, was er sonst in einem gewissen Sinn nicht sagen kann. Und die Frage, kann man Kunst mit Müll machen, ist, wie gesagt, keine gute Frage.

Aber jetzt kommen wir zum Computer, und ich hoffe, daß Sie alle wissen, daß man mit dem Computer im Namen der Kunst oder im Namen von etwas anderem sehr viel Unsinn machen kann. Ich glaube, daß es hier ein paar Leute gibt, die mir zustimmen, wenn ich sage, daß vielleicht das meiste oder jedenfalls ein großer Teil dessen, was man in Veranstaltungen wie der Ars Electronica sieht, trivial ist und nicht Kunst genannt werden sollte. Wenn ich einen Pinsel und Ölfarbe nehme und irgendwo etwas male, bedeutet doch die Tatsache, daß ich die Werkzeuge eines Künstlers benutzt habe, noch lange nicht, daß ich Kunst produziert habe. Also, wenn jemand mit dem Computer etwas darstellt, ist es nicht offensichtlich, daß es Kunst sein muß. Das ist etwas ganz anderes, als zu sagen, man kann mit einem Computer keine Kunst machen. Der Computer ist ein Instrument – und es wird so oft gesagt »ein Werkzeug« (darüber habe ich noch viel mehr zu sagen, aber nicht hier) –, mit dem man auch Kunst machen kann.

Ich habe den Dichter erwähnt, und wir wissen, es gibt heute »Gedichte«, die von einem Computer produziert wurden (*Computer Generated Poetry*). Ich denke da an einen meiner Kollegen, der weltbekannt ist: Seymour Papert. Er denkt sehr viel nach über Computer und Kinder und hat ein berühmtes Buch geschrieben: *Mind Storms*. Ich weiß nicht, ob es ins Deutsche übersetzt wurde. Er spricht darin von *Computer Generated Poetry* und daß Kinder so ein Programm schreiben können, das das durchaus ermöglicht. Dazu habe ich eine ernste Frage, und die lautet: Meiner Auffassung nach ist ein Gedicht der Versuch des Dichters, etwas auszudrücken, das er in einfachen Worten nicht sagen kann. Er braucht das Gedicht, um es auszudrücken. Das bedeutet doch letztlich, daß das Gedicht eine Idee repräsentiert. Da hat jemand eine Idee und möchte diese präsentieren, und da ist ein Gedicht die angemessene Repräsentation, die er dafür findet. Und nun frage ich mich, woher kommt die Idee zur *Computer Generated Poetry*? Ist da eine Idee im Computer? Ich würde sagen, wenn man nicht behaupten kann, daß der Computer eine Idee hatte, dann sollte man wirklich nicht von Gedicht sprechen. Und ich glaube, es ist eine Art Beleidigung des Dichters, anzunehmen, daß der Computer die Fähigkeit hat, Gedichte zu schreiben.

Meine Position ist, daß *Computer Generated Poetry* Unsinn ist. Da kommt dann vielleicht von Ihnen der Einwand: Man hat verschiedene Experimente gemacht, man hat Gedichte genommen, die von Menschen gedichtet worden sind, und andere, die der Computer »geschrieben« hat, und es stellt sich heraus, daß die meisten Menschen keinen Unterschied erkennen können. Ist das dann ein Widerspruch, bedeutet das dann, daß der Computer Kunst machen kann? Meine Antwort ist: Überhaupt nicht.

Noch ein Beispiel zur Problematik der Definition von Kunst. Man geht am Strand spazieren und findet ein schönes Stück Holz, nimmt es mit nach Hause, rahmt es ein oder stellt es irgendwo auf, und das nennt man *Found-Art* – gefundene Kunst. Wessen Kunst ist das? Da kommen wir, glaube ich, wirklich zur Frage: Wer hat die Kunst gemacht, wessen Kunst ist es, was ist Kunst überhaupt? Es gibt Bibliotheken voller Antworten auf diese Fragen, es gibt Abhandlungen über Abhandlungen. Was ich darüber sagen möchte, ist ganz einfach, daß Kunst in diesem Zusammenhang eine Art von Selektion ist. Man sieht ein Stück Holz und findet es schön, und da sind tausend andere Stücke von Holz an diesem Strand, und die nimmt man nicht. Der Mensch, der diese Selektion getroffen hat, ist der Künstler. Er hat die Kunst gemacht.

So ist es auch mit dem Dichter. Er hat diese Worte, diesen Rhythmus ausgewählt. Das ist die Kunst. Es kann wohl sein, daß ich, wenn ich ein Gedicht von einem bestimmten Dichter lese, nicht verstehen kann, warum Leute es schön finden und als Kunst bezeichnen. Das hat dann mit mir zu tun und damit, daß ich eben nicht genug Übung oder Einsicht habe, um so etwas zu erkennen. Wenn also hier *Computer Generated Poetry* betrachtet wird und jemand sagt, das ist schön, das hat sicherlich ein

Mensch gemacht, dann hat er die Schönheit gesehen, dann hat er die Selektion gemacht und nicht der Computer.

Der Programmierer hat die Regeln gewählt, nach denen der Computer schreibt. Ob jetzt der Programmierer ein Lob verdient, weil er gerade diese Bearbeitungsregeln ausgesucht hat, weiß ich nicht. Das kommt darauf an, wieviel das Lob wert ist, würde ich meinen. Jedenfalls sollte er nicht sagen, der Computer dichtet. Es geht mir nicht nur um Gedichte, es können auch Essays sein. Hier gibt es Experimente, in denen das System grammatische Regeln zugrundelegt und Wörter nach Hauptwort, Verb und Adjektiv klassifizieren kann. Man kann dem Computer dann Worte geben aus irgendeinem Wortschatz, und es geht los. Was jetzt publiziert wird, ist in der Tat Sprache. Grammatik, Satzbau sind korrekt. Aber ich würde nicht sagen, daß der Computer eine gute Idee dabei gehabt hat.

9. Gegen den militärischen Wahnsinn

Ich fange diesmal mit dem Ende meines Vortrags an. Am Ende meines Vortrages steht die Frage, und ich bin ziemlich sicher, daß die Frage auch hier gestellt werden wird: Ja, aber was sollen wir dann machen? Was raten Sie uns? Ich meine jetzt als Folge der Dinge, die ich hier sagen werde. Also, was sollen wir machen? Und ich werde Ihnen sofort meine Antwort geben, es ist einfach meine Antwort, es ist nicht *die* Antwort, die gibt es nicht. Ich möchte sie vorsichtig formulieren, deshalb habe ich sie hier aufgeschrieben. Ich würde sagen, ihr sollt aufhören, euch mit den vergifteten Früchten des Wahnsinns unserer Welt vollzufressen. Ihr sollt anfangen, den Menschen mit immer mehr Klarheit und Deutlichkeit den Wahnsinn vor Augen zu halten.

Welchen Wahnsinn meine ich da, wenn ich vom Wahnsinn unserer Welt spreche? Von welchem Wahnsinn spreche ich dann? Ich hoffe, jeder hier erinnert sich an den Film *The Bridge on the River Kwai*, *Die Brücke am Kwai*. Ich glaube, der Film ist viel wichtiger, als wir damals bei seinem Erscheinen dachten. Ich erinnere nur an eine Szene am Ende des Films – da ist die Brücke bereits fertig gebaut –, in der gezeigt wird, wie der Oberst – es war Alec Guinness – auf dieser Brücke rauf und runter läuft, so wie nur entweder ein englischer Oberst oder Alec Guinness laufen kann. Und er hat so einen Stab, wie ihn die englischen Offiziere tragen, unter seinem Arm. Er läuft auf und ab, sieht sich die Arbeit an, sein Werk, es ist herrlich gemacht. Er ist selbst ausgebildeter Bauingenieur. Plötzlich sieht er einen Fleck. Er nimmt seinen Stab und wischt damit den Fleck weg. Die Brücke muß perfekt sein. Es ist zwar eine Brücke, die er zunächst einmal unter Zwang gebaut hat für die Japaner im Zweiten Weltkrieg, also eine Brücke, die jetzt dem Feind zugute kommt. Trotzdem mußte sie perfekt sein. Das hat sehr viel, so wie ich das sehe, mit dem sozusagen technologischen Zwang zu tun, also, einfach damit, daß die Ausübung der Naturwissenschaft und auch der Technologie zu einer Leidenschaft, man könnte auch sagen, zu einer Sucht werden kann. In diesem Fall ist das geschehen. Man muß sich allerdings an den ganzen Film jetzt erinnern, um das zu wissen. Wie gesagt, er entfernt den Fleck, und vor ihm liegt nun dieses perfekte Werk, das er hergestellt hat. Dann sieht er einen Draht da unten, unter der Brücke, und es stellt sich heraus, daß sich dort eine Gruppe von Kämpfern befindet. Einer von ihnen war mal ein Gefangener in diesem japanischen Gefangenenlager. Jetzt ist er zurückgekommen mit Dynamit, und er wird die Brücke in die Luft sprengen. Gleich wird alles explodieren. Nachdem der Oberst den Draht entdeckt hat, folgt – ich mache es jetzt ganz kurz – eine kleine Schlacht. Es sind vielleicht zehn oder zwanzig Leute beteiligt, die aufeinander schießen. Dann sieht man einen, der schon verwundet war, oben am Ufer. Er beobachtet die ganze Szene, und er sagt ein einziges Wort, er sagt: Wahnsinn. Nur das Wort Wahnsinn, *madness* auf englisch. Das Wort sagt er vielleicht zweimal. Ich glaube, das ist einer der wichtigsten Teile dieses Films. Und ich glaube, daß es ein Kommentar ist zu unserer Welt. Ich glaube, wir leben in einem Irrenhaus, unsere Welt ist wahnsinnig.

Was immer auch der Golfkrieg uns gezeigt hat in bezug auf Technologie und Computer, Waffenhandel, Handel mit wissenschaftlichen Erkenntnissen, technologischen Neuerungen, Wissen, wie man Giftgas herstellt, wie man die Raketentechnologie laufend verbessert; das ist einfach Wahnsinn. Dieser ganze Waffenhandel, hin und her über die ganze Welt, daran ist ganz bestimmt nicht nur Deutschland beteiligt, da ist die Sowjetunion, da ist Amerika, da ist Frankreich, da ist die Schweiz dabei und viele andere Länder mehr. Es ist einfach Wahnsinn.

Ich will damit sagen, daß dieser Mann, der da am Ufer sitzt und sich das ansieht, vielleicht zum ersten Mal in seinem Leben ganz klar erkennt, daß das Wahnsinn ist, und es ausspricht. Das ist es, was ich Ihnen zu tun empfehle, oder sagen wir: Ich bitte Sie darum, das zu machen. Ich habe einige Kurzfilme hier gesehen oder Teile von Kurzfilmen, die genau das machen, und das freut mich. Den Leuten wirklich zu erklären, wie wahnsinnig unsere Welt ist, und natürlich, wenn man das einmal erkannt hat, daß es vielleicht besser gemacht werden kann.

Es ist auch ein Teil des Wahnsinns dabei, mit dem ich sehr vertraut bin, weil er eben ein großer Teil meiner Welt ist – ich meine jetzt die Welt der Universität, insbesondere des Massachusetts Institute of Technology. Es ist vielleicht die Technische Spitzen-Universität in Amerika, vielleicht sogar der ganzen Welt, und sehr eng mit dem amerikanischen Militär, mit dem Pentagon verbunden. Ganz besonders die Computerabteilung, also das *Computer Science Department* – »Informatik«, wie man das hier nennt. Dieses Department ist sehr, sehr eng mit dem Pentagon verknüpft, und darin am engsten die Künstliche-Intelligenz-Forschung, und ganz besonders die Forschung in *vision research*. Dort wird an »Sehmaschinen« gearbeitet, damit computergesteuerte Geräte, Roboter und Cruise Missiles, noch besser sehen, noch besser treffen können, als sie es heute schon können. Und das ist natürlich auch Wahnsinn.

Hier möchte ich unbedingt festhalten, daß ohne die Arbeit der Wissenschaftler, daß ohne unsere sogar begeisterte Mitarbeit an solchen Dingen der moderne Krieg überhaupt nicht möglich sein würde. Der Krieg findet nicht ohne uns statt. Deswegen haben wir als Informatiker kaum ein Recht, andere Leute, sagen wir die Politiker z.B. für das anzuklagen, was sie da machen. Ohne uns würde es nicht gehen. Wir haben es in unseren Händen, wir Informatiker, glaube ich, den Krieg fast abzuschaffen, aber das ist etwas anderes, jedenfalls ist es auch ein Wahnsinn. Ein Teil dieses Wahnsinns ist die Freude, die wir alle erfahren, ich meine jetzt alle Techniker und alle Naturwissenschaftler, vielleicht sogar alle Wissenschaftler, aber jedenfalls Naturwissenschaftler, die Freude, die wir erfahren, wenn wir etwas sehr Raffiniertes zum Laufen bringen können. Also, ein sehr raffiniertes Computerprogramm vielleicht oder ein sehr kompliziertes Computersystem oder computergesteuertes System oder einen sehr raffinierten visuellen Effekt, der dann vielleicht in Hollywood oder bei Ihnen selbst benutzt werden kann. Das macht Spaß. Das macht riesigen Spaß. Ich weiß nicht, ob die Öffentlichkeit, »the man on the street« sozusagen, versteht, welche große Rolle einfach der Spaß spielt, den die Naturwissenschaft, die Technologie, das Ingenieurwesen und das alles macht. Ob sie versteht, welch riesige Motivation das ist. Welche Freude es macht, wenn man sich einen schönen raffinierten Trick ausdenkt, wenn man dann versucht, es zu implementieren, das Gerät herzustellen, das Programm zu schreiben, und wenn es dann anfängt zu leben, könnte man fast sagen. Das macht ungeheuer viel Spaß.

Ich denke z. B. hier an ein Stück Arbeit, die in dem sogenannten Medialab im MIT gemacht wurde und die hier in einem kleinen Film auftaucht. Ich weiß nicht, wer von Ihnen diesen Film gesehen hat. Jedenfalls ist da die Rede von einem *war room*, einem Kriegsraum, wo jemand in einem großen Sessel sitzt, sich eine Leinwand anschaut und Befehle gibt. Er gibt den Befehl, die Landkarte der Karibik solle jetzt auftauchen. Er sagt das zu dem System. Dann sieht man die Landkarte, die Inseln, Kuba usw. Auf dem Meer sieht man verschiedene Schiffe, und dann deutet er auf eins und sagt: »Put that there.« Also, dieses Schiff soll jetzt an eine andere Stelle gesetzt werden. Er erteilt diesen Befehl nur mit seiner Stimme. Natürlich taucht sofort die Frage auf, wie versteht das System »that«, »put that there«? Das Schiff soll versetzt werden, ja, er deutet mit seinen Augen darauf, schaut zunächst hier hin und dann dort hin. »Put that there.«

In einem anderen Film, den ich auch hier gesehen habe, sieht man einen Piloten, der mit seinen Augen hin und her guckt, und irgend etwas im Flugzeug wird dadurch sozusagen modifiziert. Es gibt ein Gerät, das auf seine Augen aufpaßt und sich damit Informationen holt. Das alles wurde im MIT entwickelt. »Stelle das dorthin. Stelle es dorthin zurück, wo es war.« Ein Informatiker, der diese Anwendungen kennt, weiß, wie schwierig diese Probleme sind. Was bedeutet »wo es war«? Bedeutet es das letzte Mal oder gestern oder voriges Jahr oder was? Der Computer muß sich das alles ausrechnen. Das beinhaltet schwierige technische Aufgaben. Und es macht eben einen riesigen Spaß, so ein System in Gang zu bringen. Wir müssen jedoch erkennen, daß solche Anwendungen letztendlich beim Militär benutzt werden, z.B. im Golfkrieg.

Ich möchte noch zwei Beispiele zum Verhältnis Forschung am MIT und Militär erzählen. Es gab vor ungefähr einem halben Jahr eine Tagung in Hamburg. Ein Wissenschaftler, den ich nicht persönlich kannte, der anscheinend im Medialab im MIT arbeitete, hatte einen Vortrag über Kunst und Computer gehalten. Es war ein sehr schöner Vortrag mit vielen Dias, sehr bunt, in schönen Farben. Ich nehme an, daß viele hier die Geschichte *Der kleine Prinz* von Saint-Exupéry kennen; sein Vortrag hatte mit dieser Geschichte zu tun. Da sieht man ein schönes Bild auf der Leinwand, der Hintergrund ist so tiefblau, da sieht man kleine Punkte, das sind Sterne, und dann da unten irgendwo sieht man etwas, was so aussieht wie ein Tennisball. Also, ganz gelb gegen dieses Blau, und das ist ein Planet. Auf dem Planet sieht man verschiedene Blumen, Palmen, es gibt auch einen Vulkan usw. Irgendwo steht ein lächelndes Mädchen, ein kleines Kind, und da oben irgendwo ist ein Clown – ja, was wird mit diesen Dingen gemacht? Es wird ein Gerät entwickelt, das sich sozusagen ausrechnen kann, worauf die Augen eines Beobachters gerichtet sind. Mit Hilfe dieses Geräts, das jetzt auf den Beobachter aufpaßt, also, mit diesem Instrument kann man sehen, wo er hinguckt und wo er am meisten hinguckt. Man kann auch Statistiken darüber machen, was ihn interessiert und was nicht. Das ist alles sehr raffiniert, bestimmt sitzen da viele Computer hinter den Kulissen. Das hat der Wissenschaftler alles erklärt und verschiedene Beispiele gezeigt, auch mit Statistiken, die das alles ausrechnen können. Dann sehen wir plötzlich keine Märchenbilder mehr als Beispiel, sondern ein Satellitenbild von einem Flughafen, einem militärischen Flughafen mit Flugzeugen, Panzerwagen, aber auch einem Parkplatz mit Autos. Die Aufgabe besteht jetzt u. a. darin, zu erkennen, um welche Dinge es sich handelt. Das Computersystem, das dieses Bild vor sich hat, soll erkennen, was ein Flugzeug, was ein Panzer, was ein Auto ist. Das ist wieder einmal ein Beispiel, wie versucht wird, technologische militärische Entwicklungen hinter einem Märchen zu verstecken. Wir malen da so schöne Bilder in so bunten Farben, und es ist alles so wunderschön süß, aber tatsächlich geht es darum, dem Computer, besonders dem militärischen Computer, das Sehen beizubringen und mit dieser Technologie Anwendungen wie im Golfkrieg zu unterstützen. Also, ich will betonen, daß wir einander Märchen erzählen. Das Märchen, das wir uns zuletzt erzählt haben, ist sehr bekannt: Es ist das Märchen vom sauberen Krieg.

Ein weiteres Projekt ist das sogenannte *Autonomous Vehicle System*. Dieses System muß erkennen, ob ein Vehikel, das sich bewegt, ein Tank oder ein Panzer oder wer weiß was ist, und es muß dann entscheiden, ob es zu zerstören ist oder nicht. Der Name für dieses Gerät ist *Autonomous Land Vehicle*, das heißt, es ist selbständig, es sind keine Menschen dabei. Mit Hilfe der Künstlichen Intelligenz wird dieses Vehikel rausgeschickt und muß dann entscheiden, wer zu erschießen und wer nicht zu erschießen ist.

Mir stellt sich die Frage: Warum brauchen wir oder warum braucht das Militär solche Dinge überhaupt? Und eine zweite Frage, die sich mir aufdrängt, lautet: Wie lernen wir, unser Gewissen so erfolgreich beiseite zu drängen? Also, warum brauchen wir, warum braucht das Militär solche Dinge?

Das erste, was dazu gesagt werden muß, ist, daß die zunehmende Geschwindigkeit unserer technischen Systeme uns heute dazu zwingt, Systeme mit noch größerer Geschwindigkeit herzustellen. Das ist natürlich ein Teufelskreis, es geht immer weiter, es ist eine Spirale. Am Anfang – der Computer ist ja noch nicht so sehr, sehr alt, ich spreche jetzt von den frühen fünfziger Jahren – haben wir in Amerika ein Bomberabwehrsystem hergestellt, dessen Name »Sage« war. Große Radargeräte waren in der Nähe vom Nordpol und über dem nördlichen Kanada verteilt, und die Signale von diesen großen Radarsystemen sind dann an einen Computer gesendet worden, der im MIT entwickelt und hergestellt wurde. Der mußte das alles analysieren und warnen, wenn russische Flugzeuge kamen. Anfang der fünfziger Jahre ging die Bedrohung von den Flugzeugen aus, noch nicht von den Raketen. Warum wurde das gemacht? Weil eben die Reaktionszeit, die ein Mensch haben würde, wenn er selbst den Radarschirm ansieht, zu lang wäre. Es mußte vom Computer analysiert werden. In diesem Bereich ist alles so schnell geworden, daß ein Mensch alleine ohne diese technische Hilfe es nicht mehr schaffen könnte. Heute ist natürlich alles noch viel, viel schneller geworden.

Dann kamen die *ballistic missiles*, ich möchte jetzt *ballistic* betonen, das heißt sie müssen irgendwo aufsteigen, müssen durch die Stratosphäre und dann die obere Stratosphäre fliegen und dann wieder hineinkommen in die Stratosphäre usw. Das dauert ziemlich lange, sie werden aus großer Entfernung abgeschossen. Es dauert ziemlich lange, sagen wir zwanzig Minuten, von dem Moment, in dem so eine missile irgendwo in der Sowjetunion abgeschossen wird, bis sie in Chicago landet. Das sind vielleicht zwanzig Minuten oder fünfundzwanzig sogar, und das ist jetzt eine sehr lange Zeit. Heute natürlich sind die Zeiten viel kürzer. Um alles schneller zu machen, mußte der Mensch so weit wie möglich ausgeschaltet werden. Die Computer, die wir damals hatten, waren nicht schnell genug, also mußten wir schnellere Computer haben. Dann wurde es auch möglich, daß solche Waffen – wenn man solche Instrumente Waffen nennen darf – im Weltall geparkt werden konnten, also vielleicht auf dem letzten Parkplatz der ganzen Welt. Sie wurden als Satelliten stationiert und konnten dann, wenn der Feind – wer immer das ist – entschieden hatte, daß wir umgebracht werden sollen, losgelassen werden. Es kam noch schlimmer: Jetzt haben wir Raketen auf U-Booten, die nahe der Küste abgeschossen werden können, und wir sprechen jetzt von Minuten und sogar Sekunden.

Da ich eben U-Boote erwähnt habe, die Raketen transportieren: Wir, ich meine wir Amerikaner, haben jetzt U-Boote, die so viele atombewaffnete *missiles* transportieren, daß ein einziges dieser U-Boote die ganze Sowjetunion zerstören könnte.

Ich spreche von Wahnsinn, und da möchte ich einfach bemerken, daß der Name eines dieser U-Boote – ich kann es kaum aussprechen – *Corpus Christi* lautet. Man muß sich klarmachen, daß sich das jemand ausgedacht hat. Das kam nicht aus dem Computer; das hat sich ein Mensch überlegt.

Innerhalb der militärischen technischen Systeme ist natürlich der Mensch das schwächste Glied oder wird zumindest als solches angesehen. Das schwächste Glied muß dann natürlich immer weiter abgedrängt, rausgedrängt werden. Wir haben in der letzten Zeit verschiedene Abenteuer erlebt, bei denen letzten Endes ein Mensch entscheiden mußte. Ich denke an den Airbus, der über dem Iran abgeschossen wurde. Da mußte letztlich ein Mensch entscheiden, ob das gemacht wird oder nicht, und die Zeit der genauen Überlegung war einfach nicht da. Die Reaktion auf diesen Vorfall ist nicht, mit dieser Schießerei aufzuhören, das würde vielleicht vernünftig sein, sondern den Mann, in diesem Fall den Kommandanten, einfach rauszuquetschen aus diesem System. Es soll vollautomatisch werden.

Damit kommen wir – das ist eine schöne Logik – zum *Autonomous Land Vehicle*, das ich schon erwähnt habe. Es trifft alle Entscheidungen allein, da ist kein Mensch dabei. Man könnte sagen, der Computer mit seiner künstlichen Intelligenz trägt jetzt die Verantwortung, aber natürlich taucht da die Frage auf: Was kann es bedeuten, daß ein Computer Verantwortung trägt? Jedenfalls hat das den zusätzlichen Vorteil, das haben wir auch im Golfkrieg gehört, daß unsere Soldaten dann weniger gefährdet werden. Die anderen Soldaten werden vielleicht gefährdet, aber vielleicht haben die ja auch *Autonomous Land Vehicles*, das weiß ich nicht. Was ich dabei unter anderem sehe – und ich glaube, es ist sehr wichtig –, ist die Lektion der verschiedenen Videospiele.

Worin besteht nun der Zusammenhang der verschiedenen Videospiele mit dem Golfkrieg? Es wurde schon öfter bemerkt, daß der Golfkrieg, so wie wir ihn wahrgenommen haben, ganz genauso aussah wie ein Videospiel. Die Lektion des Videospiels ist, daß die psychologische Entfernung der Konsequenzen einer Tat von der Tat selbst bis auf ein astronomisches Maß vergrößert wird. Das heißt, daß das Kind, das mit Videospielen spielt, dies in der allergrößten Geschwindigkeit, so schnell wie möglich tut, um Punkte zu sammeln und das Spiel zu gewinnen. Die Tatsache, also das, was da im Spiel symbolisiert wird, z. B., daß man ein Schiff untergehen läßt und dabei die Matrosen ertrinken oder daß man ein Flugzeug abschießt, daß es brennt und daß der Pilot darin stirbt – das ist astronomisch weit weg vom Bewußtsein des Kindes. Es muß auch so weit weg sein, sonst könnte man den Knopf nicht so schnell drücken. Als Präsident Reagan mal vor wenigen Jahren auf einer EXPO in Florida war und ihm dort gezeigt wurde, wie die Jungen solche Computerspiele spielen, hat er stolz gesagt: Das sind unsere Kampfpiloten der Zukunft! Er hatte völlig recht. Es ist ein Training, das gerade für Kampfpiloten und viele andere unserer Berufe in dieser wahnsinnigen Welt sehr geeignet ist. Das heißt vor allem, daß die psychologische Distanz, die Entfernung zwischen dem, was ich tue, und dem, was die Konsequenzen meiner Tat sind, so riesig groß ist, daß diese beiden Dinge einfach nichts mehr miteinander zu tun haben. Das haben wir im Golfkrieg gesehen. Wir haben – das haben Sie ja schon tausendmal gehört, ich werde es ganz kurz wieder sagen – die schöne Elektronik gesehen und dann so eine Explosion, rein symbolisch, ohne Menschen dabei. Wir sahen nicht die Leichen, die abgerissenen Köpfe, Arme und Beine, die man im Krieg sieht – ganz anders als beim Vietnamkrieg, wo wir diese Dinge doch gesehen haben. Präsident George Bush hat sehr oft gesagt: Das ist nicht Vietnam! Und ich glaube, er meinte auch das: Diesmal werden wir keine solchen Bilder sehen, kein Blut, überhaupt keine roten Farben. Das ermöglicht – ich weiß nicht, ob ich das so sagen darf – der Weltöffentlichkeit, jedenfalls der amerikanischen Öffentlichkeit, einfach zu jubeln über das, was da gemacht wird, und besonders über das, was die Technik, unsere Technik, gemacht hat und machen kann. Es ermöglicht zu jubeln, ohne die riesige Entfernung zu überschreiten zwischen diesen Taten und ihren Konsequenzen für die sicherlich hunderttausend Menschen, die da gestorben sind. Also, da hatten wir einen sauberen Krieg. Ich werde jetzt nicht sagen, die Videospiele haben Schuld daran, das ist natürlich Unsinn, aber die haben uns sehr viel gelehrt, haben uns gut vorbereitet.

Ich möchte noch ein Wort sagen über den Ausdruck »der saubere Golfkrieg«. Es ist wieder eine Verdrängung dabei, nicht nur die, die ich eben erwähnt habe. Ich meine das folgende: Es gibt einen Beruf oder ein Fach in Amerika, das sich *humanization of work*, »Humanisierung der Arbeit« nennt. In diesem Zusammenhang habe ich eine Phantasie: Einige Leute aus dem Fach *humanization of work* besuchen irgendwo eine Fabrik. Die Fabrik ist dunkel, es ist heiß drin und sehr staubig, die Arbeiter arbeiten viel zu nah nebeneinander, und die Maschinen sind überhaupt nicht gesichert. Man kann sich an diesen Maschinen verletzen. Die sanitären Anlagen sind furchtbar und weit weg, und es ist ungeheuer viel Krach im Raum. Es ist also alles in allem ein sehr, sehr häßlicher Arbeitsplatz, und Fachleute sagen, hier muß etwas getan werden. Dann tun sie ihre Arbeit, und vielleicht ein halbes Jahr später schaut man sich diese Fabrik wieder an. Sie ist jetzt hell, gute Luft, die Maschinen sind weit voneinander entfernt und alle gesichert, da kann man sich gar nicht wehtun, in den Toiletten könnte man Chirurgie betreiben, sie sind so sauber, und es ist sehr leise, vielleicht hört man im Hintergrund sogar ein bißchen Musik. Nun stellt man fest: Das ist Humanisierung der Arbeit. Aber man sollte doch auch fragen, was wird in dieser Fabrik gemacht? Und wenn es sich herausstellt, daß diese Fabrik Öfen herstellt, in denen Menschen verbrannt werden, sollte man doch sagen: Das sollten wir nicht humanisieren, das sollten wir abschaffen.

Ich glaube, daß ein enger Zusammenhang zwischen dem sauberen Golfkrieg und dieser Phantasie der Humanisierung der Arbeit besteht. Wir sehen diesen Krieg wie durch ein Fernrohr und nicht im weiten Winkel, sondern in einem ganz engen Winkel. Wir sehen nur Einzelheiten. Wir sehen – und das wird uns ja so schön gezeigt im Fernsehen –, wie diese Rakete zum Wasserwerk Bagdad gesteuert wird und wie sie da ganz genau trifft. Sie trifft ganz genau eine ganz bestimmte Tür, alles wird zerstört, und außer den zwei, drei Leuten, die vielleicht zufällig dort arbeiten, wird niemandem wehgetan – und das ist sauber. Das ist ganz anders als sonst, wenn B52-Maschinen Tausende von Bomben werfen. Und wenn wir ein bißchen mit Weitwinkel sehen, genau wie bei dieser Fabrik, und uns fragen, was machen die da eigentlich, dann sehen wir etwas, was gar nicht mehr so sauber ist: Wenn man das Wasserwerk einer großen Stadt zerstört, steigt die Seuchengefahr für die ganze Bevölkerung. Der Krieg ist sehr dreckig, und es ist eine Lüge zu sagen, daß keine Zivilisten getötet werden. Ich plädiere für diesen *wide angle view* unserer Taten und hoffe, wir vergessen das Beispiel des Golfkriegs nicht wieder so schnell.

Noch ein Wort über Vergessen überhaupt: Präsident George Bush hat in den letzten Wochen öfter gesagt, das Vietnam-Trauma, das Vietnam-Syndrom läge jetzt hinter uns. Es sollte nicht hinter uns sein, und der Golfkrieg sollte nie hinter uns sein, wir müssen uns daran erinnern! Wir müssen wissen, was wir machen können und getan haben. Bush lädt zur Verdrängung ein. Das ist schlimm, wir sollen nicht verdrängen.

Bevor ich zum Schluß komme, möchte ich noch auf zwei Sachen eingehen: auf die vermeintliche Hilflosigkeit und auf meine persönliche Arbeit beim MIT.

Zur vermeintlichen Hilflosigkeit möchte ich sagen, daß vor allem wir, die wir diese Gelegenheit haben, ich als Lehrer und Sie als Filmemacher, nicht sagen dürfen, wir seien hilflos. Man darf sich einfach – einfach?! – nicht mißbrauchen lassen! Man muß denken – ich spreche genauso zu den Informatikern –, man muß darüber nachdenken, was man eigentlich macht. Was mache ich eigentlich? Will ich das machen? Will ich da mitmachen? Und als Filmemacher – ich bin ja nicht von Ihrem Fach, aber so, wie ich das von außen sehe – muß man sich auch das fragen: Werde ich mißbraucht? Lasse ich mich mißbrauchen? Ist es mir möglich, in meiner Arbeit die Wahrheit zu erzählen, so wie ich sie sehe? Ich weiß, es gibt viele verschiedene Versionen von Wahrheit, aber wir sind vielleicht die allerletzten, die diese Gelegenheit haben, mit vielen Menschen zu sprechen und in einer Sprache, die die üblichen Grenzen der Sprache überschreitet. Damit meine ich Film, Musik und Kunst. Wenn die Leute, die diese Grenze überschreiten können, sagen, daß sie hilflos sind, dann ist alles aus. Die Stalins dieser Welt, die Hitler dieser Welt, die wissen das. Deswegen rotten sie ihre Künstler aus.

Die wichtige Frage des persönlichen Umgangs mit dem militärischen Wahnsinn, die Frage und Problematik, warum und wie ich als Kritiker am MIT gearbeitet habe und wie meine Stellung dort war, möchte ich nicht unbeantwortet lassen. Sie stellen sich vielleicht vor, daß es für mich am MIT persönlich sehr schwierig ist, das ist es jedoch überhaupt nicht. Ich habe oft die Phantasie gehabt, daß ich an einem College oder einer Universität lehre, die ganz liberal ist, draußen auf dem Land mit Wald und Wiese drum herum. Ich habe mir eine kleine Universität mit liberalen, sogar progressiven Studenten und Mitarbeitern vorgestellt. Es gibt auch solche Universitäten in Amerika. Aber ich bin mir ganz sicher, wenn ich in einer solchen Universität wäre, würde ich mir wünschen, am MIT zu sein. Wie ich dort behandelt werde, ist eine andere Sache. Es ist mir ganz klar, daß die Verwaltung mich und vielleicht auch andere als Feigenblatt benutzt. Wenn über blinde Technologiegläubigkeit geschimpft oder die Frage gestellt wird, ob es am MIT keine kritischen Stimmen zum Computer gibt, dann heißt es: Doch, Professor Weizenbaum, der denkt an solche Sachen und schreibt darüber. Mein Verhältnis, meine Beziehung zu meinen Kollegen ist ein bißchen komplizierter. Erstens bin ich nicht der einzige – es gibt nicht viele von uns dort –, aber ich bin nicht der einzige, der kritisch zu seinem Fach steht. Der berühmteste Name, den ich Ihnen sofort nennen kann, ist Noam Chomsky. Zweitens habe ich leider öfter eine bestimmte Erfahrung gemacht: Wenn ich spreche – ob es jetzt in einem *faculty meeting* ist oder vor einer Klasse oder bei einer Demonstration –, kommen einige meiner Kollegen später zu mir, legen ihren Arm um meine Schulter und sagen: »Das hast du gut gesagt, das muß gesagt werden. Ich freue mich, daß du es sagst.« Außerdem sagen sie vielleicht ganz leise zu sich selbst: Jetzt, wo es gesagt wurde, muß es nicht mehr gesagt werden. Das kann auch sein. Ich bin traurig darüber, daß mich so viele meiner Kollegen privat unterstützen, aber einfach nie an die Öffentlichkeit treten.

Wir haben Waffen und Waffensysteme für den Vietnamkrieg am MIT erfunden, da kann ich lange Geschichten erzählen, grausame Sachen. Das MIT ist sehr eng mit dem Pentagon verbunden. Und damals, als jüdischer deutscher Emigrant in Amerika, mußte ich mich fragen, ob ich jetzt die Rolle spielen möchte, die ich so gehaßt habe bei vielen, sogar bei den meisten deutschen Wissenschaftlern, Professoren, Akademikern, hier in Deutschland während der Hitlerzeit. Diese Haltung, zu sagen: Ich bin Naturwissenschaftler, das ist mein Fach, und was mit meiner Sache gemacht wird, geht mich nichts an. Ich bin kein Politiker. Dafür sind andere Leute verantwortlich. Ich denke hier auch an Wernher von Braun, der ein Buch geschrieben hat: *I aimed for the stars,* und da habe ich einen Untertitel dazu erfunden »... but sometimes I hit London«. Wenn er nach den Zielen seiner Forschung gefragt wurde, lautete seine Antwort: »That's not my department.«

Ich habe mich in der Zeit des Vietnamkriegs und in der Zeit der Bürgerbefreiungsbewegung in Amerika gefragt, ob ich jetzt die Rolle dieser deutschen Professoren spielen möchte oder nicht. Damals habe ich mich ganz klar und ganz explizit entschieden.

Heute bin ich emeritiert, und ich habe immer noch mein Büro im MIT. Ich hatte auch noch bis vor kurzem meine letzte Doktorandin. Wenn ich will, kann ich Vorlesungen halten, also, ich bin auch heute noch nicht weit weg vom MIT. Ich bin immer noch da. Es ist mir klargeworden, daß mein Platz am MIT war und daß ich da hingehöre. Vielleicht ist es auch meiner Arroganz zu verdanken, daß ich dachte, am MIT wird meine Stimme unter den Studenten und unter den jungen Kollegen mehr gebraucht als irgendwo anders. Deswegen bin ich dageblieben.

Ich habe vorhin Noam Chomsky erwähnt. Noam Chomsky, der Linguist, ist einer der größten Genies dieses Jahrhunderts, davon bin ich ganz überzeugt. Ich nehme an, daß viele Leute hier ihn kennen, ich hoffe es jedenfalls. Er lehrt am MIT schon seit, ich glaube, fünfunddreißig Jahren. Er hat jede Ehrung bekommen, die das MIT überhaupt verleihen kann, dazu auch viele internationale Auszeichnungen. In der Zeit des Vietnamkriegs, in der er eine führende Stimme im Widerstand gegen diesen Krieg war – er hat laut protestiert und viel darüber geschrieben –, habe ich manchmal mit Studenten gesprochen und gesagt, Noam Chomsky würde das machen oder Noam Chomsky würde das sagen usw. Da antworteten sie, ja, das ist Noam Chomsky, der kann das. Der kann sich das leisten, der ist ja so ein großer Kerl. Dann mußte ich sagen, aber er war doch nicht immer der große Noam Chomsky. Er war einmal ein Anfänger, *assistant professor*, und schon damals – und das muß ich betonen – in den ersten Nachkriegsjahren im MIT als ganz kleiner *assistant professor* ohne jede Garantie einer Zukunft, außer der, die er im Kopf hatte, schon damals hat er darauf bestanden, daß jeder weiß, daß er ein Anarchist ist. Er ist ein Anarchist, überzeugter Anarchist. Sein ganzes Leben lang, in der Akademie und draußen agierte er als Anarchist, und er verleugnete es nie. Nichts ist ihm passiert. Und nicht weil er groß war, er war damals klein. Noam Chomsky hat seine politische Haltung überhaupt nie versteckt, selbst als er ein kleiner *assistant professor* war, sehr zerbrechlich sozusagen, sehr verwundbar, da hat er schon seine kritische Haltung vertreten.

Jetzt komme ich zurück zu der Frage, mit der ich begonnen habe. Ich spreche jetzt die Filmemacher unter Ihnen an. Sie können jetzt fragen, ja, aber was sollen wir denn machen? Ich meine jetzt ganz besonders mit den technischen Mitteln, die aus dem Labor des MIT kommen, also, die tatsächlich für das Militär bestimmt sind, obwohl man damit auch schöne Bilder für das *civil life* machen kann. Was sollen wir damit machen? Die Antwort habe ich schon gegeben, ich werde sie einfach wiederholen: Ich würde sagen, ihr solltet aufhören, euch mit den vergifteten Früchten des Wahnsinns vollzufressen. Vollzufressen – das habe ich hier auf meinen Zettel geschrieben in Erinnerung an Brecht. Ich meine wirklich – ich weiß, das ist sehr schwer umzusetzen –, ihr solltet auf diese raffinierten Sachen verzichten, ihr solltet einfach sagen: Nein, das ist Blut, das wurde für andere Zwecke gemacht, mit denen wir nichts mehr zu tun haben wollen. Das unterstützt den Wahnsinn dieser Welt, und das machen wir nicht. Das empfehle ich. Ihr solltet anfangen oder die von euch, die es schon machen, solltet damit weitermachen, den Menschen den Wahnsinn, der in unserer Welt ist, immer deutlicher, mit immer mehr Deutlichkeit vor Augen zu führen.

10. Die Verantwortung der Wissenschaftler und mögliche Grenzen für die Forschung

Ist eine Beschränkung der Forschung gleichzusetzen mit Zensur der Naturwissenschaft? Zensur ist ein hartes Wort, und doch würde ich sagen: »Ja, aber es geht nicht anders.« Dann sollten wir uns aber auch mit der Frage beschäftigen, wo die Beschränkungen für die Forschung herkommen sollen. Wobei mit dem Wort »sollen« eine Qualität des Denkens angesprochen ist, die nicht gerade naturwissenschaftlich ist. Eine grundlegende Schranke der Forschung ist – ob wir wollen oder nicht – die Zeit. Zeit, die ein Sterblicher hat, etwas zu schaffen. Ich wundere mich, wie wenig das beachtet wird. Es gibt unendlich viel zu tun und nur endliche Ressourcen. Besonders die Ressource »menschliches Talent« ist begrenzt. Im Prinzip gibt es unendlich viele Fragen, die von Naturwissenschaftlern gestellt werden können, aber für eine oder zwei Generationen gibt es nur ganz wenige Fragen, die tatsächlich gestellt werden können. Das bedeutet, daß jede Generation eine Auswahl treffen muß, welche Fragen beantwortet werden sollen und welche nicht. Manche Fragen müssen wir unseren Kindern überlassen – der nächsten Generation. Und es gibt vielleicht auch Fragen, die wir überhaupt nicht beantworten sollten.

Gibt es Ideen, die nicht gedacht werden sollen? Ich glaube nicht, daß man das Denken verbieten kann. Aber wie ist das mit den Ideen? Von Albert Einstein wird folgender Witz erzählt: Ein junger Journalist interviewt Einstein und fragt ihn, ob er immer ein kleines Notizbuch bei sich trage. Einstein versteht die Frage nicht und sagt: »Nein, wozu denn?« Der Journalist sagt: »Na ja, für den Fall, daß Sie eine Idee haben.« Darauf Einstein: »Wissen Sie, junger Mann, in meinem ganzen Leben habe ich nur zwei oder drei Ideen gehabt.«

Wir könnten also gar nicht die Entwicklung von Ideen verbieten, es ist unmöglich. Doch vielleicht gibt es Ideen, die uns einfallen, die wir aber nicht weiter verfolgen sollten. Wir sollten uns dann aber wenigstens fragen, warum diese Ideen aufgetaucht sind. Ein Psychiater sagte mir einmal: Wir können nichts dafür, daß wir uns verlieben, aber wir können entscheiden, was wir dann machen. Genauso können wir auch entscheiden, was mit Ideen zu machen ist. Wir sollten uns bewußt sein, daß die Welt kein privates Testlabor der Wissenschaftler ist. Daß Wissenschaftler Verantwortung haben. Z.B. die Gen-Manipulation: Die Leute können sich zwar alles mögliche ausdenken, aber sobald sie anfangen, Experimente zu machen, dürfen sie nicht allein entscheiden, daß die ganze Umgebung ihr privates Testlabor werden soll. Es gibt also Grenzen, und es sollte Beschränkungen geben.

Gibt es Projekte, die man überhaupt nicht durchführen sollte? Mir fallen zwei Projekte ein, und ich würde staunen, wenn jemand hier sie erlauben würde. Das eine: Gehirnoperationen an gesunden Neugeborenen im Dienst der Gehirnforschung. Das erlauben wir uns nicht. Warum nicht? Woher kommt diese Hemmung? Und wie wird sie vollzogen? Und das andere Projekt: Einige Kollegen in der Abteilung Physik am Massachusetts Institute of Technology (MIT) haben mir gesagt, daß es im Prinzip möglich wäre, eine Atombombe von der Größe einer Coca-Cola-Flasche herzustellen. Der Bau dieser Bombe wäre aber mindestens ein Vorhaben vom Umfang des Manhattan-Projekts zum Bau der ersten Atombombe. Ich würde sagen, daß ein solches Projekt einfach nicht erlaubt werden sollte. Ich glaube auch nicht, daß irgend jemand tatsächlich im Ernst daran denkt, solch ein Projekt zu unterstützen, politisch, finanziell oder durch wissenschaftliche Mitarbeit – er wäre ein Menschenfeind –, aber ich weiß es nicht.

Die Idee, daß es Beschränkungen gibt für die wissenschaftliche Forschung, ist nicht ganz so furchtbar, wie sie zunächst erscheint. Tatsächlich haben wir Zensur, besonders Selbstzensur. Die Frage ist vielmehr: Woher stammt sie, und von wem soll sie ausgehen? In meinem Buch *Die Macht der Computer und die Ohnmacht der Vernunft* habe ich in diesem Zusammenhang vom »Imperialismus der instrumentellen Vernunft« gesprochen. Was bedeutet das? Imperialismus ist die Ausübung einer Macht, die einem nicht legitim gehört. Z.B. hat der Kongreß der USA das Recht, Gesetze zu beschließen, die irgend etwas erlauben oder verbieten in den USA. Die Verfassung gibt dem Kongreß diese Macht. Die USA hat aber kein legitimes Recht, die Regierungsform anderer Länder zu bestimmen. Das ist Imperialismus. Und mit dem Begriff »instrumentelle Vernunft« meine ich eine Mentalität, die nur von Zielen ausgeht, die man erreichen oder vermeiden möchte. Wir können nicht alle unsere Aktionen auf solch eine Vernunft stützen.

Dazu zwei Beispiele: Sie finden ein Portemonnaie mit einer Menge Geld. Sie bringen es zum Fundbüro, damit es dem Besitzer zurückgegeben wird. Jetzt kommt jemand und fragt: »Warum haben Sie das gemacht?« Interessant ist, welche Form von Antwort Sie jetzt erwarten. Eine mögliche Form wäre das Zitieren von Konsequenzen: »Hätte ich es nicht zurückgegeben, dann würde ich das Geld sicherlich ausgeben oder es auf die Bank bringen. Und dann würden die Steuerbehörden – in Amerika unsere berühmte IRS (*Internal Revenue Service*) – kommen und sagen: Sie haben die Steuerpflicht umgangen. Das Ganze könnte sehr schlimm ausgehen. Deshalb habe ich das Portemonnaie zurückgegeben.« Die Antwort, die wir erwarten oder erhoffen, ist dagegen eine andere: »Ich weiß nicht, warum ich es zurückgegeben habe. So bin ich einfach, so wurde ich erzogen.« Oder: »So macht man das hier, das ist hier so üblich.« Es wird also nicht mit irgendeinem Profit argumentiert. Es wird also nicht an die »instrumentelle Vernunft« appelliert, sondern an eine andere Art von Vernunft.

Vor langer Zeit habe ich einmal über einen Projektvorschlag geschrieben, bei dem das Gehirn einer toten Katze künstlich am Leben erhalten und das Sehfeld als Computerteil benutzt werden sollte, um den Computer mit Sehfähigkeit auszustatten. Ich habe gesagt, das sei obszön. Man sollte es nicht machen. Als ich gefragt wurde, warum nicht, gab ich dieselbe Antwort wie in dem Beispiel mit dem Portemonnaie: Es ist ekelhaft, es ist unanständig, man darf es einfach nicht. Ich will damit sagen, daß bei Entscheidungen andere Kriterien ins Spiel kommen, auch bei Entscheidungen über wissenschaftliche Forschung. Ein Kriterium ist: Wie wird das Arbeitsprodukt letztlich benutzt? Ich mache etwas, ich komme vielleicht zu einem Ergebnis, und ich muß mich fragen: Was passiert damit? Aus vielen Gesprächen mit Kollegen kenne ich verschiedene Antworten auf diese Frage – oder vielleicht sollte ich sagen: verschiedene Arten, der Frage auszuweichen. Z.B.: »Ich kann doch nicht wissen, wie meine Arbeit später genutzt wird.« Oder: »Alles kann doch zum Guten oder zum Bösen verwendet werden, und ich hoffe eben, daß die Anwendung meiner Arbeit gut ist.« Oder: »Wo ist die Grenze zwischen ›gut‹ und ›böse‹?« Das sind sehr schwierige Fragen. Und weil man diese Fragen wahrscheinlich gar nicht beantworten kann, zieht man daraus den Schluß: Wir haben nicht die Verantwortung, solche Entscheidungen zu treffen.

Wenn es um Computerforschung, Informatik und künstliche Intelligenz (KI) geht, sagen die Leute: »Ich kann nicht wissen, wie es letzten Endes benutzt wird.« Meine Antwort dazu: »Oh doch, das können Sie.« Hier bin ich in einem fremden Land, aber von Amerika kann ich sagen, daß man dort sehr wohl wissen kann, wie die Arbeit eines KI-Labors oder des Labors, in dem ich arbeite, das *Laboratory for Computer Science*, letzten Endes angewandt wird. Im Fall MIT sehen wir ganz klar: Wenn es überhaupt möglich ist, ein Forschungsergebnis, z. B. bei der Computer-Bilderkennung, irgendwie in eine Waffe einzubauen, um sie zu »verbessern«, dann wird das auch gemacht. Das läßt sich statistisch nachweisen, man bekommt aber auch schon einen Hinweis, wenn man einfach fragt: Wer bezahlt überhaupt für die Arbeit? In unserem Fall ist es meistens das Pentagon. Da sollte man schon erahnen können, daß diese Arbeit eventuell militärisch genutzt wird. Natürlich kommen dann Gegenargumente, z.B.: »Es ist nicht mein Job, herauszukriegen, was mit meiner Arbeit passiert.« Oder mein alter Kollege in der KI-Forschung an der Carnegie Mellon University, Herbert Simon, mit dem ich über diese Frage mal eine längere Debatte geführt habe, der sagte: »In Amerika haben wir eine repräsentative Regierungsform. Wir übergeben unseren gewählten Abgeordneten die Entscheidung, was mit unserer Wissenschaft zu machen ist. Und wenn uns das nicht gefällt, dann können wir andere wählen.«

Ich finde, das ist eine Art Abdankung. Es erinnert mich an die Haltung der Mehrheit der deutschen Wissenschaftler, besonders während des Dritten Reichs. Wir sind Wissenschaftler, Politik geht uns nichts an, der Führer entscheidet. Was machen wir mit der Einsicht, daß alles für gute und für böse Zwecke verwendet werden kann? Gestern hat jemand bei der Pressekonferenz gesagt: »Um Gottes Willen, man kann doch keine Schuhfabrik verbieten, nur weil die Schuhe eventuell an Soldaten gehen könnten.« Dann kommt die Frage: »Wie entscheidet man, was gut und böse ist?« Das ist natürlich eine uralte Frage, eine unmögliche Frage, die ich nicht beantworten kann. Aber ich kann mich ihr soweit annähern, daß es leichter wird zu bestimmen, wo wir die Grenze ziehen können, etwa indem wir sagen: »Bis zu diesem Punkt mache ich mit und nicht weiter.«

Also, was ist überhaupt »gut« und »böse«? Um darüber

nachzudenken, muß man eine Art Weitwinkelobjektiv haben. Man muß einen ganz großen Kontext einbeziehen. Ein Beispiel: Wenn ich bei Vorträgen so böse spreche, wie man es von mir erwartet, kommt anschließend das Argument: »Aber es muß doch möglich sein, Computer für humane Zwecke anzuwenden, z. B. in der Medizin.« Wenn ich dann nach einem Beispiel frage, dann wird öfter der CAT-Scanner angeführt, *Computer Aided Tomography*. Kann man irgend etwas Schlechtes über den CAT-Scanner sagen? Soviel ich weiß, ist noch nie jemand damit getötet oder verletzt worden, sondern er wird benutzt, um am lebenden Gehirn zu untersuchen, ob eine Operation notwendig ist, und wenn ja, wo genau der Tumor sitzt, so daß die Operation einfacher wird.

Jetzt aber im Weitwinkel. Wir müssen fragen, in welchem gesellschaftlichen Kontext der CAT-Scanner angewandt wird. In den USA hat er den Effekt, daß noch hunderttausende Menschen mehr als bisher nie einen Arzt sehen werden und keine medizinische Behandlung bekommen. Wie kommt das? Die amerikanischen Ärzte arbeiten innerhalb eines marktwirtschaftlichen Systems und sind immer der Gefahr ausgesetzt, wegen eines Kunstfehlers angeklagt zu werden. Dagegen müssen sie sich versichern. Das bedeutet, daß die Kosten einer medizinischen Behandlung steigen. Es geht aber noch weiter. Wenn ich zu einem Arzt gehe und sage, daß mein kleiner Finger an der rechten Hand weh tut, dann würde er sagen (ich übertreibe jetzt mal): Da brauchen wir einen kompletten Check-up, also zwei Tage im Krankenhaus, Röntgen-Bilder, *CAT-Scan*, Blutuntersuchungen und alle möglichen Extras. Warum macht er das? Er will eben nicht angeklagt werden, weil er etwas vergessen hat. Das hat mit unserer Gesellschaft zu tun und nichts mit der Medizin als solcher und schon gar nichts mit dem CAT-Scanner. Fast jedes Krankenhaus hat zwei oder drei CAT-Scanner, die immer weiter verbessert werden müssen. Die sind sehr teuer, und wir Amerikaner merken, daß das Gesundheitswesen unter diesem technischen Fortschritt leidet. Man muß also den CAT-Scanner im Licht der gesellschaftlichen Umstände sehen, in die er eingebettet ist.

Bei Computer-Bilderkennung ist völlig klar – quasi determiniert –, daß jedes Ergebnis, das irgendeinen Einfluß auf die Verbesserung der Sehfähigkeit des Computers hat, sofort vom Militär aufgegriffen wird. Wir können nicht behaupten, wir wüßten das nicht. Wir wissen es ganz genau.

Angenommen, man möchte die Welt nicht weiter militarisieren, wo zieht man dann die Grenze? Ich glaube, wir müssen diese Grenze zum Teil willkürlich ziehen. Ein Beispiel: Wir könnten hier eine Umfrage machen: Jeder könnte auf einem kleinen Zettel aufschreiben, wann der Tag aufhört und wann die Nacht beginnt. Ich nehme an, daß wir viele verschiedene Antworten bekommen werden. Einer würde vielleicht sagen: »Wenn die Sonne untergeht«. Und wenn man weiter fragt: »Wo denn?« – »Ja, wenn ich in meinem Appartement bin, und die Sonne geht hinter dem Berg da hinten unter ...« Oder ein Engländer würde vielleicht sagen: »Nach dem Tee, aber vor dem Cocktail.« Es gibt also bestimmte Anlässe, bei denen wir entscheiden: Hier hört der Tag auf, und da fängt die Nacht an. Wie wird das gemacht? Mehr oder weniger willkürlich. Aber eines ist klar: Wir wissen, daß Mittag Tag ist, und wir wissen, daß Mitternacht Nacht ist. Das ist das Kriterium, das ich hier anwenden möchte. Wenn wir also daran arbeiten, die Zielgenauigkeit einer Rakete zu verbessern, dann ist ganz klar: Das ist eine »Nachtarbeit«. Da muß ich nicht ausführen, wo ich die Linie ziehe. Es ist einfach »Nacht«, das ist überhaupt keine Frage. Und es gibt andere Sachen, die im gesellschaftlichen Kontext einfach »Tag« sind und die man ruhig machen kann, ohne ein schlechtes Gewissen zu haben. Auf diese Art können wir eine Entscheidung treffen zwischen »gut« und »böse«, eine Entscheidung, der nicht jeder zustimmen würde, die aber jedenfalls für uns selbst gilt. Wenn wir das gemacht haben und uns fragen: »Wie wird meine Arbeit schließlich genutzt? Fällt das in die Domäne ›Tag‹ oder in die Domäne ›Nacht‹?«, dann müssen wir uns auch fragen: »Wie weit ist dieser Endnutzen meiner Arbeit von der Position entfernt, an der ich mich jetzt damit befinde? Kann es sein, daß ich die Arbeit jetzt nicht machen darf, weil sie vielleicht in hundert Jahren für böse Zwecke benutzt wird? Oder fällt das Ziel in die Zeit meiner eigenen Tätigkeit?«

Gestern haben wir in der Pressekonferenz über die Verantwortung der KI-Forscher, besonders am MIT, gesprochen. Was ist das Ziel der KI, und können wir das verantworten? Und Marvin Minsky sagte, das Ziel der KI sei die Beseitigung des Todes. Ich nehme an, daß einige hier über diese Aussage ein wenig überrascht sein werden. Aber in den USA ist das eine weit verbreitete Idee. Diese Diskussion ist in Amerika schon zwanzig Jahre alt, in Deutschland wird sie jetzt erst dokumentiert. Ich denke dabei an das Buch, das Marvin Minsky hier schon erwähnt hat, *Mind Children* von Hans Moravec. Moravec behauptet, daß es ziemlich bald – leider noch nicht zu seinen Lebzeiten, bedauert er, aber zu denen seiner Kinder – möglich sein wird, einen Menschen im Computer abzuspeichern. Auf englisch: »to download a human being into a computer« – natürlich völlig digitalisiert, was bedeutet, daß dieser Mensch ewig leben kann. Wenn der Computer anfängt zu rosten, dann kann diese digitale Information natürlich auf einen anderen Computer übertragen werden, und dann haben wir die Unsterblichkeit. Es wird also gesagt, das Ziel sei die Beseitigung des Todes. Warum sollten wir also aufhören, daran zu arbeiten? Wenn man diese Argumentation akzeptiert, dann ist man in der philosophischen Haltung, die behauptet, daß das Ziel alle Mittel rechtfertigt. Ich weiß nicht, wie viele Fässer (so würde man das heute wohl sagen – wir sprechen immer von *barrels of oil*), wie viele Fässer Blut in den letzten zweihundert Jahren im Namen dieser Philosophie vergossen wurden.

In Amerika wissen wir ganz genau: Wenn wir auf dem Gebiet Bilderkennung/KI überhaupt Erfolg haben sollten, dann wird das zur »Verbesserung« einer Waffe führen. Aber dieses Wissen ist von uns ziemlich weit entfernt. Wir haben uns daran gewöhnt, eine riesige psychologische Distanz herzustellen zwischen unserem Tun und den Auswirkungen unseres Tuns. Das ist sehr weit verbreitet in unserer Gesellschaft, nicht erst jetzt im letzten Jahrzehnt dieses Jahrhunderts. Ich denke an Vietnam, an die Bombardierung durch ein B52-Flugzeug, das in zehntausend Meter Höhe fliegt. Ein elektronisches Signal auf einem kleinen Bildschirm sagt dem Piloten, daß er das Ziel erreicht hat und jetzt die Bomben abwerfen muß. Er drückt auf einen Knopf. Die Bomben fallen. Er kann sie nicht sehen. Er ist weit weg, wenn sie unten ankommen. Er kann sie nicht hören. Ganz bestimmt kann er die Schreie der Menschen nicht hören. Und nur aufgrund dieser psychologischen Entfernung von den Auswirkungen seines Tuns wird es ihm möglich, diesen Knopf zu drücken. Worauf ich hinaus will: Man macht etwas, und die Folgen des Handelns werden verdrängt.

In Forschungslabors kann man ähnliches beobachten. Dazu eine kleine Geschichte: Ich gehe in Cambridge über den Harvard Square, und ein junger Mann, der mal in einem meiner Seminare war, kommt auf mich zu. Er ist jetzt Doktorand, und er will mir erzählen, worüber er seine Dissertationsarbeit schreibt. Er sagt mir, ich solle mir einen großen Bildschirm vorstellen, auf dem man einen Bär und eine kleine Katze sieht. Die Katze wirft einen Ball zum Bär, der fängt ihn und läßt ihn zur Katze zurückrollen. Vor diesem Bildschirm sitzt ein kleines Mädchen und sagt zu dem System: »Bär, wenn dir jemand etwas gibt, solltest du ›Dankeschön‹ sagen.« Wenn die Katze danach den Ball nochmals zum Bär wirft, dann sagt er: »Dankeschön, liebe Katze.« Die Dissertationsarbeit besteht darin, dieses System zu implementieren. Die Profis hier werden wissen, daß das eine ungeheuer schwierige Arbeit ist, besonders wenn es so nahtlos gehen soll, wie er es mir beschrieben hat. Es hat mit Spracherkennung zu tun und mit solchen Sachen. Ich fragte den Doktorand, ob er denn hören möchte, wie ich das System verstehe, damit ich mich davon überzeugen kann, daß ich es richtig verstanden habe. Und ich erzähle ihm folgende Geschichte: Ich sehe einen Piloten im Kampfflugzeug, und das System sagt zu ihm: »Sir, da unten sehe ich eine Kolonne feindlicher Tanks.« Und der Pilot sagt zu dem System: »Wenn du so etwas siehst, dann setz doch die Raketen in Gang und frag mich nicht immer.« Dann gehen die Raketen los. Punkt. Ende der Geschichte. Ich habe den jungen Mann dann gefragt, ob das eine Beschreibung seiner Arbeit sei, und er antwortete, ja, man könne es so sehen. Und ich fragte ihn, wer diese Forschungsarbeit bezahlt. Es stellte sich heraus, daß es das Militär war. Ich glaube, daß meine Interpretation der Wahrheit näher ist als seine. Ich habe ähnliche Erfahrungen mit anderen Forschungsprojekten gemacht, die genauso in Form von Märchen, in wunderschönen Farben beschrieben werden. Nebenbei gesagt: Das Pentagon hat in der Zeit vor 1980, also vor der Reagan-Regierung, in seinen Forschungsaufträgen sehr selten ein Waffensystem tatsächlich beim Namen genannt. Da wurden alle möglichen Euphemismen benutzt. Erst Anfang der achtziger Jahre – das *Time Magazine* sprach von einer Zeit des neuen Patriotismus – fing das Pentagon an, Waffensysteme tatsächlich beim Namen zu nennen. Im MIT wurde an drei Systemen gearbeitet, vor allem im Labor für Künstliche Intelligenz – das ganze Projekt hieß SCI (*Strategy Computing Initiative*). Und eines der Projekte war genau dieses Piloten-System, das ich vorhin beschrieben habe: *Pilot Assistance*, das den zweiten Mann im Kampfflugzeug ersetzen sollte.

Ich glaube, wir haben einen Faustschen Vertrag mit unserer Wissenschaft und unserer Technik unterschrieben. Faust hat seine Seele nicht umsonst verkauft. Er wollte etwas dafür. Wir verkaufen unsere Seele nicht umsonst, wir bekommen jedesmal etwas dafür. Z.B. *High Definition Television*, HDTV. Da bekommen wir ein besseres Bild. Es wird schöner sein. Dazu wird ein riesiger Forschungsaufwand betrieben. Der Zweck dieser Forschung hat sehr wenig mit Unterhaltung zu tun, aber wir sagen: »Na ja, machen wir noch diesen Schritt, dieser eine Schritt wird ja niemandem weh tun.« Wir fragen uns nicht: »Wollen wir das?« Wenn ich hier fragen würde: »Wer braucht HDTV?«, würde sich wahrscheinlich niemand melden. Aber in zehn Jahren wird fast jeder, der hier sitzt, ein HDTV-Gerät zu Hause haben. Da stimmt etwas nicht. Alle geben zu, daß wir es nicht brauchen, ganz besonders nicht, um den Blödsinn zu sehen, den man heute normalerweise im Fernsehen sieht. Wir haben ein künstlich hergestelltes Bedürfnis. Da stimmt etwas nicht, wenn wir Bedürfnisse künstlich herstellen, während viele lebenswichtige Bedürfnisse so vieler Menschen nicht erfüllt werden können. Wir wollen also etwas, und währenddessen entwickeln wir ein System, das uns entgleitet. Wir können es nicht mehr beherrschen, es ist aber unumkehrbar. Wir können dann nicht mehr sagen: Da haben wir einen Fehler gemacht, wir wollen das nicht. Viele dieser Systeme sind unbeherrschbar, undurchschaubar, unumkehrbar.

Kann man es anders machen? Ich bin der Meinung, man sollte die Bedürfnisse der Zeit erkennen, eine Prioritätenliste machen und sich anhand dieser Liste entscheiden: Welche Fragen, die wir an die Natur stellen können, wollen wir tatsächlich jetzt stellen; welche Geräte, die technisch machbar sind, sollten wir tatsächlich produzieren?

Wir sollten nicht mehr mit der Lösung anfangen. Vor ungefähr fünfzehn Jahren war es in dem Labor für Computerwissenschaft, in dem ich gearbeitet habe, tatsächlich noch so, daß z.B. Ärzte zu uns kamen und uns sagten: »Ihr habt da ein wunderschönes Instrument, das man sicherlich in der Medizin benutzen könnte. Wir erklären Ihnen die medizinische Seite, und Sie könnten uns sagen, wie man das Instrument anwenden könnte.« Man fing also bei der Lösung an.

Wir sollten Fragen stellen und nicht mit der Lösung anfangen, auch in bezug auf unsere Wissenschaft und unsere Technologie. Es ist ja nicht schwer, heute eine Liste von Bedürfnissen aufzustellen, sie ist fast banal, diese Liste, die jeder kennt: Hunger, die Gefährdung der Atmosphäre, die ökologische Katastrophe, die vor uns liegt, Kriege und so weiter und so fort. Jeder kann diese Liste aufstellen, um dann zu entscheiden: Wo fangen wir an, was ist wichtig und was ist nicht wichtig? Wenn wir das machen würden in dieser ganzen Infrastruktur des Wissenschaftsbetriebs, dann würde sich meiner Meinung nach herausstellen, daß verschiedene große Projekte, mit denen wir uns heute beschäftigen, einfach abgestellt werden sollten. Nicht weil die Fragen nicht interessant wären, sondern weil wir uns das heute nicht leisten können und weil wir auch etwas unseren Kindern überlassen sollten. Ich denke dabei an Mars-Flüge. Das ist sicherlich sehr schön, aber warum so eilig? Warum müssen wir es jetzt machen, wenn es soviel Not gibt? Oder die riesigen Beschleuniger: Es ist ja schön, mehr von der Physik zu erforschen, aber wir können uns diese Technik jetzt nicht leisten. Ich habe nichts gegen einen Maserati, Ferrari oder Porsche, aber wir würden solche Maschinen keinem Dreizehnjährigen geben. Ich glaube, daß wir, daß unsere Gesellschaft in vielen Fällen nicht reif genug ist, um mit den Systemen, die wir herstellen können, umzugehen. Das sollten wir bedenken, bevor wir solche Projekte anfangen. Also plädiere ich für ein Moratorium für »Big Science«, für einen Aufschub von Projekten, die etwa eine Milliarde Dollar im Jahr kosten. So etwas sollten wir dann machen, wenn wir keine andere Verwendung für dieses Geld haben.

Meine Schlußfolgerung: Es gibt keine absolute Forschungsfreiheit, und es sollte sie auch nicht geben. Ich will weder eine Diktatur von oben noch eine heimliche Diktatur. Ich will keine gekaufte Diktatur, so wie es heute ist, in deren Licht sich Wissenschaftler und Forscher als Prostituierte des Geistes verhalten.

Nachwort
Jeder Mensch ist ein Sonderfall

Als Joseph Weizenbaum einmal gefragt wurde, welcher Gedanke aus seinem Buch *Die Macht der Computer und die Ohnmacht der Vernunft* ihm der wichtigste sei, nannte er ohne zu zögern die Passage über Zivilcourage aus dem letzten Kapitel. Darin heißt es:

»Es ist ein weitverbreiteter, aber schmerzlich irriger Glaube, daß Zivilcourage nur im Zusammenhang mit welterschütternden Ereignissen bewiesen werden kann. Im Gegenteil, die größte Anstrengung kostet sie oft in jenen kleinen Situationen, in denen die Herausforderung darin besteht, die Ängste zu überwinden, die uns überkommen, wenn wir über unser berufliches Weiterkommen beunruhigt sind, über unser Verhältnis zu jenen, die in unseren Augen Macht über uns haben, über alles, was den ruhigen Verlauf unseres irdischen Lebens stören könnte.«

Diese Auffassung korrespondiert mit einer anderen, die er in seinem Buch *Kurs auf den Eisberg* formuliert hat, ja, sie ist fast untrennbar mit ihr verbunden, nämlich mit der Erkenntnis, daß die sogenannte Ohnmacht des einzelnen eine Illusion ist, und zwar die gefährlichste, die ein Mensch überhaupt haben kann. Die gefährlichste ist leider in diesem Fall zugleich die am weitesten verbreitete und allgemein anerkannte. Fast in allen Lebenszusammenhängen wird die Aussage akzeptiert: »Als einzelne oder als einzelner kann ich doch gar nichts tun.« Sogar in revolutionären Bewegungen, die Bestehendes um jeden Preis verändern wollen. Sie appellieren an Zusammenschluß, Solidarität und an das Kollektiv, das gefunden oder gegründet werden muß, damit man handeln kann. Weizenbaums provozierender Hinweis darauf, daß die Ohnmacht des einzelnen eine gefährliche Illusion sei, setzt mit ihrem Appell an die Verantwortlichkeit viel früher an und gibt dem Menschen damit die Chance, sich selbst als handlungsfähiges Individuum zu begreifen.

Einerseits ein faszinierender und befreiender Ansatz, andererseits ein unbequemer, dessen provozierende Wirkung niemals abnimmt, sondern sich sogar steigert, je häufiger und intensiver man über ihn nachdenkt. Und ein Ansatz, der den einzelnen Menschen einerseits auf die Bedeutung seiner unmittelbaren Umgebung für ihn selbst und andererseits auf seine Bedeutung für seine unmittelbare Umgebung aufmerksam macht. Nicht um in der Enge zu verharren, sondern um daraus einen weiten Handlungsradius zu entwickeln, der eine individuelle Basis hat.

Es sind Geschichten, alltägliche, biographische, autobiographische genauso wie phantastische, erlebte ebenso wie erfundene, mit deren Hilfe wir die Welt begreifen und unsere Erkenntnisse weitergeben. Die großen Dichter wissen das, und vor noch gar nicht so langer Zeit, als die Trennung zwischen Wissenschaft und Kunst noch nicht so eine allgemein akzeptierte war, wußten es auch die (Natur)Wissenschaftler. Jean Henri Fabre beispielsweise, der große französische Entomologe, der mit seinen *Souvenirs Entomologiques* ein Hauptwerk der Insektenforschung schrieb; während seine zeitgenössischen Kollegen im 19. Jahrhundert die Tiere sezierten, um Erkenntnisse über ihre Existenz zu gewinnen, beobachtete Fabre Käfer und Schmetterlinge in ihrem alltäglichen Lebenszusammenhang und erzählte Geschichten über ihr Verhalten. Seinen Kritikern und Belächlern gab er zu bedenken: »Ihr untersucht den Tod, ich das Leben.«

Geschichten entstehen aus der Lebendigkeit, Vitalität und Kommunikationsfreudigkeit. Sie sind keine Festschreibungen, sondern dynamische Schöpfungsprozesse. Geschichten verändern sich beim Erzählen und verändern den Erzähler. Joseph Weizenbaum ist *auch* ein großer Geschichtenerzähler, wie man den Reden in diesem Band entnehmen kann.

Geboren 1923 in Berlin als Sohn eines jüdischen Kürschnermeisters, aufgewachsen, zusammen mit dem älteren Bruder Henry als Berliner *city boy*, wie er es manchmal genannt hat, emigrierte Joseph Weizenbaum 1936 mit seiner Familie in die USA. Die Studienwahl Mathematik war sicher nicht nur begründet in dem großen Interesse für dieses Fach und der gleichzeitigen Begeisterung für seine damalige Mathematiklehrerin. Weizenbaum hatte sich als Dreizehnjähriger von einem Tag auf den anderen in einer neuen Sprache zurechtzufinden. Er mußte Englisch lernen, bis er sich in dieser neuen Sprache so zurechtfand, daß er sich differenziert darin ausdrücken konnte.

Das Besondere in Weizenbaums Wissenschaftskarriere liegt darin, daß er sich das Gebiet, für das er als Wissenschaftler zuständig sein sollte, niemals von außen hat diktieren oder gar eingrenzen lassen. Er war und ist niemals *nur* Naturwissenschaftler, sondern ein politisch verantwortlicher Mensch, der sich den großen Fragen seiner Zeit stellt. Die bekannten Ausflüchte »Ich bin Wissenschaftler, Politik ist nicht mein Fach«, »That's not my department« liegen ihm fern. Er warnt vor diesen Sätzen oder Selbstdefinitionen, mit denen man meint, seinen Expertenstatus zu unterstreichen, die jedoch letztlich Umschreibungen für die Akzeptanz der eigenen Ohnmacht sind. In Weizenbaums Werk taucht immer wieder die Utopie vom ganzen Menschen auf. In *Die Macht der Computer und die Ohnmacht der Vernunft* erklärt er sie so:

»Wenn der Lehrer, wenn irgend jemand für andere das Beispiel eines ganzen Menschen sein soll, dann muß er sich zuerst bemühen, selbst ein ganzer Mensch zu sein. Ohne den Mut, den Welten in uns und außerhalb uns gegenüberzutreten, ist eine solche Ganzheitlichkeit unmöglich zu erreichen.«

Ein hoher Anspruch an sich selbst, der verhindert, daß man sich mit Ohnmachtsbegründungen beruhigt. Und ein

Anspruch, der den Menschen selbst für alle Zeiten der Allgemeinheit wissenschaftlicher Betrachtung entreißt und ihm den Status des Besonderen verleiht. Nicht Objekt der Evolution, sondern Subjekt seines eigenen Lebens. Jeder Mensch ist ein Sonderfall mit seinen eigenen besonderen Möglichkeiten. Die gilt es auszuschöpfen. Damit verbunden ist die Verpflichtung, seine besonderen Wahrnehmungs- und Erkenntnisfähigkeiten anzuwenden und Regeln und Einschränkungen, also die vielbeschworenen Scheren im Kopf, die fast alle Lehren, religiöse, politische, wissenschaftliche aufstellen, nicht zu akzeptieren. Die Funktion: eine innere Stabilisierung und Abschottung gegen Kritik von außen, die von vornherein als nichtkompetent klassifiziert und diffamiert wird.

Die Erfindung des Experten für alle Lebensbereiche und -lagen ist die Konsequenz dieser Abgrenzung. Verbunden damit ist die Forderung an den einzelnen, auf seine eigene, durch Lebenserfahrung legitimierte Kompetenz zu verzichten, und damit auf seine individuelle Besonderheit. Eine segmentierende, zersplitterte Wahrnehmung der Welt wird als Normalität betrachtet, und damit wird ein Wort wie Verantwortung absurd. Jeder kümmert sich nur um seinen Bereich, sein *department*, gibt sich damit zufrieden, stellt keine Zusammenhänge zu anderen her. Eine Grundvoraussetzung für Totalitarismus. Den hat Joseph Weizenbaum als Kind erfahren und daraus gelernt. Es ist kein Zufall, daß er Skepsis als grundlegende Haltung der Welt gegenüber entwickelt hat. Skepsis ist nicht gleichbedeutend mit Pessimismus oder Mißtrauen. Skepsis bedeutet vielmehr, die Bereitschaft, die eigene Erfahrung in den Wahrnehmungsprozeß und damit sich selbst einzubringen. Und sie bedeutet zugleich Widerstand gegen die Segmentierung. Dieser Widerstand zieht sich durch Joseph Weizenbaums gesamtes Werk. Er tritt auf in Gestalt von Mut, Phantasie und Geschichten. Geschichten helfen beim Herstellen von Zusammenhängen, ja, stellen sie selbst her. Und Geschichten entlarven andere Geschichten. Das Erzählen wird zum Erkenntnisinstrument.

Man hat Jean-Henri Fabre einmal einen »wahren Erzähler« genannt. Weil sich der wahre Erzähler weder mit Wahrscheinlichkeit noch Wirklichkeit zufriedengibt, entlarvt er die Lüge. Joseph Weizenbaum steht als wahrer Erzähler in der Tradition Fabres. Er hat die Kunst des Geschichtenerzählens in die Wissenschaft zurückgeholt, wie die Reden in diesem Band eindrucksvoll belegen. Reden, deren Spektrum von der Sprache des Lernens über Computer und Kunst bis zum Menschenbild der Künstlichen Intelligenz reicht.

Kontextualismus und Kritische Theorie

Joseph Weizenbaum vertritt in seinen Aufsätzen einen pragmatischen Kontextualismus. Wissen, Wahrheit und Bedeutung sind kontextabhängig; in unterschiedlichen Kontexten können gleiche Signale unterschiedliche Bedeutungen hervorrufen. An vielen Beispielen zeigt Weizenbaum, daß ein Blick auf den Hintergrund von Forschung die zunächst als unproblematisch erscheinenden Forschungsaufträge sehr oft als problematische Aufträge des Militärs entlarvt. Der kontextualistische Blick Weizenbaums zeigt auch, daß technische Erneuerungen, die zwar, isoliert gesehen, für einige Menschen einen Vorteil bringen, in einen größeren Rahmen gesetzt für viele Menschen einen Nachteil bedeuten können.

Weizenbaum überschreitet mit seiner Rückholung der Erzählung in die Naturwissenschaft die Kluft zwischen den Natur- und den Sozial- und Geisteswissenschaften und zeigt mit seiner kritischen, befragenden Haltung zur Technik seine Nähe zur Kritischen Theorie. Kritische Theorie gedacht in einem weiten Sinne als Denkbewegung, die die widerspruchslose Anpassung an das Bestehende verweigert und Denkräume für Alternativen offenhält. Diese Denkbewegung zeigt sich exemplarisch im Werk Joseph Weizenbaums. Es ist auch ein gutes Beispiel dafür, daß die Einengung von Kritischer Theorie auf den Bereich der Sozial- und Geisteswissenschaften nicht sinnvoll ist. Heute, im Zeitalter des beginnenden Höhenflugs der *Life-Science* und der verstärkten Durchdringung des sozialen Lebens mit Ergebnissen der Naturwissenschaften, mit Gen- und Informationstechnologie, ist Kritische Theorie in den Naturwissenschaften noch viel stärker als bisher notwendig, um den kritischen Dialog zwischen den unterschiedlichen Kulturen und Lebenswelten führen zu können.

Der rote Faden, der alle Aufsätze und Vorträge Joseph Weizenbaums durchzieht, ist seine kritische Haltung. Er hat begründete Skepsis gegenüber dem Glauben, daß Computer und Internet menschliche Probleme lösen werden, die eigentlich nur von den Menschen selbst durch Verhaltensänderung und durch politische Veränderungen gelöst werden können.

Mit seinem Insistieren gegen die verbreitete Lehre über die Ohnmacht des Einzelnen löst er auch den oft unerfüllten Anspruch von Kritischer Theorie nach Berücksichtigung des Subjekts, nach Selbstreflexion und Selbstbestimmung bei der Gestaltung der eigenen Lebenswelt und Lebenspraxis ein. Mit seiner Arbeit steht Joseph Weizenbaum in der Tradition von Technik- und Gesellschaftskritikern wie Ivan Illich, Erwin Chargaff, Robert Jungk und Noam Chomsky. Seine Vorträge und Aufsätze sind ein beeindruckendes Beispiel dafür, daß kritisches Denken auch anschaulich und spannend vermittelt werden kann.

München, im Juni 2001

Gunna Wendt
Franz Klug

Nachweise

1. »Wo kommt Bedeutung her und wie wird Information erzeugt?«, Vortrag bei der Fachtagung *Organisationsinformatik und Digitale Bibliothek in der Wissenschaft* am 23. und 24. März 2000 an der Humboldt-Universität Berlin.

2. »*Information-Highway and the Global Village* – Vom Umgang mit Metaphern und unsere Verantwortung für die Zukunft«, Berlin 2000.

3. »Das Menschenbild im Licht der künstlichen Intelligenz«, Vortrag vom 30. Mai 1990 im Industrieclub Düsseldorf.

4. »Kann der Computer Menschen verstehen und warum brauchen wir überhaupt Menschen?«, Vortrag auf dem internationalen Symposium Interface, Hamburg 1990.

5. »Der Golem, der Computer und die Naturwissenschaften«, Vortrag in Staufen, September 1991.

6. »Die Sprache des Lernens«, Vortrag vom 10. und 11. September 1992 auf dem Kongreß *expedition 92 – Aufbruch in neue Lernwelten* in München.

7. »Computer und Schule«, Vortrag in der Waldorfschule Köln im Dezember 1990.

8. »Kunst und Computer«, Vortrag vom Oktober 1996 auf dem *European Media Art Festival* in Osnabrück.

9. »Gegen den militärischen Wahnsinn«, Vortrag in Oberhausen bei den Kurzfilmtagen im April 1991.

10. »Die Verantwortung der Wissenschaftler und mögliche Grenzen für die Forschung«, Vortrag auf dem *Ersten European Software Festival*, München 1991.

Alle Vorträge und Aufsätze wurden für diesen Band überarbeitet.

Geschichte und Theorie der Naturwissenschaften

Bakteriologie und Moderne. Studien zur Biopolitik des Unsichtbaren 1870 – 1920. Herausgegeben von Philipp Sarasin. Silvia Berger, Marianne Hänseler und Myriam Spörri. stw 1807. 544 Seiten

John Dupré. Darwins Vermächtnis. Die Bedeutung der Evolution für die Gegenwart des Menschen. Aus dem Englischen von Eva Gilmer. 144 Seiten. Gebunden

Gene, Meme und Gehirne. Geist und Gesellschaft als Natur. Eine Debatte. Herausgegeben von A. Becker, C. Mehr, H. H. Nau, G. Reuter und D. Stegmüller. stw 1643. 330 Seiten

Das Geschlecht der Natur. Feministische Beiträge zur Geschichte und Theorie der Naturwissenschaften. Herausgegeben von Barbara Orland und Elvira Scheich. Texte aus dem Amerikanischen von Xenia Rajewsky. Gender Studies. es 1727. 290 Seiten

Stephen Jay Gould.
- Der falsch vermessene Mensch. Aus dem Amerikanischen von Günter Seib. stw 583. 400 Seiten
- Das Lächeln des Flamingos. Betrachtungen zur Naturgeschichte. Aus dem Amerikanischen von Klaus Laermann und Eva-Maria Schmitz. stw 1171. 374 Seiten

NF 152/1/11.06

Lily E. Kay. Das Buch des Lebens. Wer schrieb den genetischen Code? Mit Abbildungen. Aus dem Amerikanischen von Gustav Roßler. stw 1746. 556 Seiten

Werner Kutschmann. Der Naturwissenschaftler und sein Körper. Die Rolle der »inneren Natur« in der experimentellen Naturwissenschaft der frühen Neuzeit. 428 Seiten. Gebunden

Humberto R. Maturana. Biologie der Realität. Aus dem Amerikanischen von Wolfram K. Köck. stw 1502. 400 Seiten

Naturerkenntnis und Natursein. Für Gernot Böhme. Herausgegeben von Michael Hauskeller, Christoph Rehmann-Sutter und Gregor Schiemann. stw 1327. 406 Seiten

Naturwissenschaft, Technik und NS-Ideologie. Beiträge zur Wissenschaftsgeschichte des Dritten Reiches. Herausgegeben von Herbert Mehrtens und Steffen Richter. stw 303. 289 Seiten

Philosophie der Biologie. Eine Einführung. Herausgegeben von Ulrich Krohs und Georg Toepfer. stw 1745. 456 Seiten

Physiologie und industrielle Gesellschaft. Studien zur Verwissenschaftlichung des Körpers im 19. und 20. Jahrhundert. Herausgegeben von Philipp Sarasin und Jakob Tanner. stw 1343. 529 Seiten

Die Rezeption von Evolutionstheorien im 19. Jahrhundert. Aus dem Englischen von Eve-Marie Engels und Rainer Brömer. Herausgegeben, eingeleitet und mit einer Auswahlbibliographie versehen von Eve-Marie Engels. stw 1229. 448 Seiten

NF 152/2/11.06

Hans-Jörg Rheinberger.

- Epistemologie des Konkreten. Studien zur Geschichte der modernen Biologie. stw 1771. 415 Seiten
- Experimentalsysteme und epistemische Dinge. Eine Geschichte der Proteinsynthese im Reagenzglas. stw 1806. 383 Seiten

Lothar Schäfer. Das Bacon-Projekt. Von der Erkenntnis, Nutzung und Schonung der Natur. stw 1401. 279 Seiten

NF 152/3/11.06